Walter Heidenreich

Help

I need somebody

Projektion J

ISBN 3-925352-50-3

9. Auflage 2004

Covergestaltung: Nikola Nešović †;
Buttgereit und Heidenreich, Haltern am See
Satz: Knipp EDV-Satz, Wetter
Druck und Verarbeitung: Ebner & Spiegel, Ulm

**Für meinen Vater,
der mich im Gebet
begleitet,
und für Irene,
meine Traumfrau.**

Liebe Leser,

wenn Sie nähere Informationen über die Arbeit der Freien Christlichen Jugendgemeinschaft wünschen oder wenn Sie mir schreiben möchten, wenden Sie sich an folgende Adresse:

Freie Christliche Jugendgemeinschaft e.V.
Wislader Str. 9
D-58513 Lüdenscheid

Tel. 0 23 51 / 35 80 39
Fax 0 23 51 / 2 13 87

»Und in den letzten Tagen will ich ausgießen meinen Geist auf alles Fleisch ...«
(Joel 3,1)

Inhalt

Danke

An Nikola Nešović und Thomas Tetzlaff für die grafische Gestaltung des Covers,

an Keith Warrington für das Vorwort,

an Cindy McCavern und Marita Sommer für die geduldige Bereitstellung von »Bruder Laptop«, und an Sigrun Blumenstiel und Charlotte Bittner für die fleißige Unterstützung bei der Erstellung des Manuskripts.

Mein ganz besonderer Dank gilt Christiane Müller und meiner Frau Irene, die in monatelanger Hingabe eine Seite nach der anderen recherchierten und überarbeiteten und zur Vollendung dieses Buches maßgeblich beitrugen.

Nicht zuletzt gilt mein Dank allen Mitarbeitern der FCJG für die treue Unterstützung der Vision dieses Buches im Gebet sowie durch Torte, Schokolade, Eis und viele ermutigende Segensworte.

Vorwort

Walter und Irene Heidenreich bin ich zum ersten Mal 1976 begegnet – also etwa zum Schlußpunkt dieses Buches. Über die letzten fünfzehn Jahre habe ich sozusagen »zusehen« können, welch eindrucksvolle Auswirkung ihr Leben gewonnen hat.

Durch sie und durch die kräftig herangewachsene Mannschaft der FCJG in Lüdenscheid sind inzwischen tausende junge Menschen in den Auftrag Jesu hineingeführt worden. Dieses Wachstum geschah nicht durch spektakuläre Sprünge oder Zufall, sondern ganz systematisch. Es liegt meines Erachtens darin begründet, daß Walter und Irene stets eine Haltung der Lernbereitschaft bewahrt haben. Sie haben sich bemüht, die Wege Gottes kennenzulernen, seine Stimme zu hören und das nächste zu tun, was er ihnen zeigte. In alledem hat ihnen auch ihr Humor und ihr Sinn fürs Praktische sehr geholfen.

Es war daher faszinierend für mich, in diesem Buch zu lesen, wie anders alles begann. Ihr Lebensbericht bietet einen interessanten Einblick in die Freakkultur der 60er und 70er Jahre, denn zu dieser Generation gehören Walter und Irene.

Walters Anliegen gilt der jetzigen, neuen Generation. Für sie vor allem hat er geschrieben. Ich mache mich mit Walter und Irene eins in dem Gebet, daß viele dieser Generation sich der Anleitung und den Ansprüchen Jesu ebenso stellen wie sie. Dann nämlich können wir erwarten, daß auch sie in zehn Jahren genauso wirksam leben und handeln werden.

Keith Warrington
Frankfurt, im Juli 1991

Einleitung

Alles, was in diesem Buch niedergeschrieben ist, erzähle ich so, wie es in meiner Erinnerung lebt. Es ist möglich, daß Personen, die die Zeit miterlebten, Dinge anders beschreiben oder beurteilen würden. Ich betone die Aspekte und Situationen, die mir wertvoll und wichtig geworden sind.

Aus naheliegenden Gründen habe ich grundsätzlich die Namen von allen Beteiligten aus der Vergangenheit geändert oder es generell vermieden, überhaupt Namen zu nennen.

Damit der Leser in die Geschehnisse mit hineingenommen wird und einen tieferen Einblick erhält, ist manches bewußt in der Originalsprache der Hippie-Kultur formuliert. Und auch sonst habe ich »kein Blatt vor den Mund« genommen.

Für Szenenausdrücke gibt es im Anhang ein Wortverzeichnis, damit auch der Leser, dem diese Kultur nicht vertraut ist, die Sprache versteht.

Die Titel, die die einzelnen Kapitel überschreiben, sind Musikstücke, die mich im jeweiligen Lebensabschnitt begleiteten und besonders prägten. Natürlich ist es dabei unvermeidbar, daß viele dieser Titel in Englisch angegeben sind, da es sich in den meisten Fällen um Rockmusik handelt.

Viel Spaß und Spannung beim Lesen!
Walter Heidenreich

Prolog

Schon als ich ihm die Tür öffnete, wußte ich: Diesen Typen kannst du nicht ab! Fast herablassend begrüßte er mich: »Hallo, ich komme zum Aufnahmegespräch.« Ich bat ihn, in unser Büro zu kommen, und deutete ihm an, er solle sich setzen.

Das Flair, das mir von ihm entgegenkam, war bezeichnend für Drogenabhängige: ein totales Wrack, aber stolz bis in die Haarspitzen.

Sein Äußeres machte es mir leicht, ihn in die passende Szene einzuordnen. Er war ein Punker, ein richtiger Machotyp, und zwar von der Sorte, die ich in meinem Leben noch nie abkonnte. Von oben bis unten in schwarzes Leder gekleidet, auffällig tätowiert, trug er Sicherheitsnadeln durch Ohr und Wange. Seinen Kopf zierte ein in den typischen Farben gefärbter Irokesenschnitt.

Aus seinen Bewerbungsunterlagen ging hervor, daß er dreißig Jahre alt war und davon zehn Jahre heroinabhängig. Wie fast jeder Junkie hatte er einige Jahre im Gefängnis zugebracht und kam gerade aus der Psychiatrie, in die man ihn zwangseingewiesen hatte. Seine einzige Chance, dieser Zwangsverwahrung zu entgehen, bestand darin, daß er einen Langzeittherapie-Platz finden würde.

Alles, was ich über ihn wußte, und sein ganzes Auftreten sprachen Bände, und bevor ich ein Wort mit ihm redete, stand für mich fest: »Der Typ ist überhaupt nicht motiviert. Der sucht nur ein nicht so hartes Plätzchen zum Verschnaufen.« Wie viele solcher Leute hatte ich im Verlauf der letzten Jahre bereits vor mir sitzen gehabt, die auf unsere christliche Nächstenliebe pochten, sich bei uns einnisteten, um uns dann nach Strich und Faden abzuziehen. Wie oft investierten wir monatelang in solche Fixer Zeit, Liebe und Gebet, um später von ihnen belogen und betrogen zu werden.

Ich begann, ihn mit den seit Jahren bewährten Fragen nach seiner Motivation abzuklopfen: »Was willst du hier? Warum bist du süchtig geworden? Wieso willst du ausgerechnet eine christliche Therapie machen? Wie bist du auf den Wiedenhof gekommen? Warum denkst du, daß wir dir helfen können?« Seine Antworten bestätigten mir, was ich von vornherein wußte: Der war nicht motiviert. Das sagte ich ihm knallhart auf den Kopf zu.

Er explodierte wie eine Bombe und griff mich mit scharfen Gegenargumenten an. Ich reagierte genau in seiner Tonlage, und die Auseinandersetzung eskalierte zu einem regelrechten Wortgefecht. Der Mitarbeiter, der bei diesem Gespräch zugegen war, beobachtete verwundert meine verbissene Reaktion, sagte aber nichts.

Nach heftigem Schlagabtausch benutzte ich den Vorteil, am längeren Hebel zu sitzen, und beendete das Gespräch, indem ich dem Typen vorhielt: »Das tue ich mir nicht länger rein. Du kannst gehen. Rechne nicht damit, von uns eine Zusage zu erhalten. Du bist nicht motiviert genug.« Ich verabschiedete ihn an der Tür und stieg die Treppe zu meiner Wohnung hoch.

Mit jeder Stufe, die ich erklomm, verflog mein Ärger. Dabei wurde ich zunehmend deprimierter, ich hätte heulen können. Oben angekommen, schloß ich schnell die Wohnungstür auf und verbarrikadierte mich in unserem Wohnzimmer. Ich wollte niemanden sehen.

Was war bloß mit mir los? Warum hatte seine Art mich so angemacht, warum hatte ich so hart auf seine Provokation reagiert? Während ich meine Frustration vor Gott ausbreitete, fing ich an zu weinen. Ich spürte, wie in mir ein Eisklotz langsam zu schmelzen begann. Ich war hart geworden. Routine hatte sich unaufhaltsam in meinen Umgang mit den kaputten Leuten eingeschlichen. Ich empfand keine Barmherzigkeit und Liebe mehr für sie und sah nur ihre Kaputtheit. Die Perspektive für das, was Gott in ihnen sah und aus ihnen machen konnte, hatte ich verloren. Seine guten Gedanken über sie konnte ich nicht mehr mitdenken. Aber was tat ich dann noch hier in diesem Haus, in dieser Arbeit? Was konnte ich diesen Hilfesuchenden noch geben?

Schluchzend bekannte ich meine Hartherzigkeit und Hilflosigkeit. Je mehr ich Jesus um Erbarmen anflehte, desto angenommener fühlte ich mich von ihm. Ich hörte seine Stimme in mir: »Walter, warum hast du keine Hoffnung mehr für die Leute? Ich habe sie nicht aufgegeben, genausowenig, wie ich dich aufgegeben hatte. Meine Gedanken über sie sind genauso voller Barmherzigkeit und Freundlichkeit wie über dich. Weißt du nicht mehr, wie ich dir damals eine lange Leine gelassen habe und hinter dir hergegangen bin?«

Je eindringlicher Gott sprach, um so deutlicher stiegen Bilder aus der Vergangenheit in mir auf . . .

1. Teil

Help

Wenn die bunten Fahnen wehen . . .

»Karl-Walter«, schrie meine Mutter quer über die Straße, »Karl-Walter, komm nach Hause!« Mürrisch registrierte ich, daß sie mich wieder bei meinem vollen Namen rief. Keiner von den anderen Jungs hatte so einen altmodischen Namen. Walter ging ja noch, aber»Karl«.

Karl war das Erbe meines Vaters. Er ist Schlesier, ein Vertriebener, von dem die Kriege einen hohen Preis gefordert haben. Sein Vater war bereits aus dem Ersten Weltkrieg nicht zurückgekehrt, zwei seiner Brüder fielen im Zweiten Weltkrieg, und er selbst geriet in russische Gefangenschaft. Nach seiner Entlassung zwang ihn die Besatzungsmacht, sein Eigentum und seine Heimat zu verlassen. Auf der Flucht in den Westen starb auch noch seine Mutter.

Wie viele floh mein Vater nach dem Krieg in das von den Alliierten besetzte Deutschland in der Hoffnung, sich hier eine neue Existenz aufbauen zu können. Dafür schuftete er schwer. Täglich verließ er um vier Uhr morgens das Haus, um im Iserlohner Stadtwald seiner Tätigkeit als Waldfacharbeiter nachzugehen. Das bedeutete, daß er für wenig Lohn schwere Arbeit tat.

Meine Mutter wuchs auf einem Bauernhof im Wittgensteiner Land auf. Zeit ihres Lebens hatte sie gehofft, der dörflichen Enge zu entkommen und in einer Stadt zu wohnen. Der Traum erfüllte sich, als sie meinen Vater heiratete und mit ihm nach Iserlohn zog.

Als ich geboren wurde, war mein Vater schon dreiundvierzig. Meine Eltern liebten mich und gaben mir alles, was ihnen nur möglich war. Allerdings vermochten sie häufig meiner Eigenwilligkeit keine Grenzen zu setzen, und so trotzte ich oft meinen Willen durch. Ich schmiß mich auf den Boden, schrie, trampelte und stimmte ein nervtötendes Gezeter an, um endlich zu siegen. Als Einzelkind lebte ich in der festen Überzeugung, daß sich die ganze Welt gefälligst um mich zu drehen hätte; andererseits litt ich sehr darunter, alleine zu sein. All meine Bestechungsversuche, dem Klapperstorch durch Zucker auf der Fensterbank einen Bruder oder eine Schwester abzukummeln, schlugen fehl, ich blieb das einzige Kind meiner Eltern.

Die Gegend, in der wir wohnten, war sicherlich nicht der beste Ort, den man sich wünschen konnte, um ein Kind großzuziehen. Wir lebten in sogenannten Siedlungshäusern, Mietshäuser, die man nach dem Krieg schnell hochgezogen hatte, weil viele Flüchtlinge vom Osten in den Westen strömten. Demzufolge wohnten wir äußerst beengt. Unsere Zweizimmerwohnung besaß weder Badezimmer noch Heizung. Meinen Eltern jedoch erschien unser Zuhause nach dem Lagerleben als wahrer Luxus.

In jedem von diesen Häusern wohnten mehrere Familien, die im Unterschied zu uns meist viele Kinder hatten. Nicht selten lebten hier vier bis sechs Personen in zwei kleinen Räumen. Durch die vielen Spielgefährten in der Nachbarschaft gestaltete sich mein Einzelkinddasein etwas erträglicher. Es zog mich so oft wie möglich zu den Kindern hin, und wann immer mich meine Eltern riefen, trottete ich nur widerwillig nach Hause.

Nur eine Straße trennte die Siedlungshäuser, in denen wir wohnten, vom sogenannten »Land der flachen Dächer«. Das »Land der flachen Dächer« war ein Wohngebiet, in dem die »sozial Schwachen« hausten. Hier gab es Familien mit einer unüberschaubaren Kinderzahl. Gewalt, Alkoholismus und endlose Auseinandersetzungen untereinander und mit der Polizei prägten die tägliche Szenerie dieser Gegend. Die vom

»Land der flachen Dächer« nannten uns aus den Siedlungshäusern abfällig »Flüchtlinge«. Ich wußte nicht so genau warum.

Doch ich wußte, daß sie uns nicht »ab«konnten, genausowenig, wie wir sie »ab«konnten. Ihre Feindschaft kriegten wir des öfteren gehörig zu spüren. Es kam nicht selten vor, daß wir in unserem Hinterhof spielten und wie aus heiterem Himmel eine Horde vom »Land der flachen Dächer« über den Zaun gesprungen kam, mit dem einzigen Ziel zu verprügeln, wen sie zu fassen kriegten. Eine ernsthafte Chance, dem zu entgehen, hatten wir nur, wenn wir die Beine in die Hand nahmen und zusahen, daß wir wegkamen. Als schnellem Läufer gelang es mir meistens, der fälligen Prügel zu entfliehen.

Jedesmal nach solchen Überfällen, wenn die Bande vom »Land der flachen Dächer« sich wieder in sicherer Entfernung befand, kamen meine Kumpel und ich aufgeregt zusammen und verkündeten laut mit großer Klappe:»Beim nächsten Mal, dann kriegen sie es aber.«

Eines Tages faßte ich den wilden Entschluß: »Jetzt machst du es wahr. Du wirst dich der ganzen Sache stellen.« Ich hatte es satt, ständig auf der Flucht zu sein. Der Tag kam, an dem wiederum vierzig bis fünfzig von ihnen über den Zaun sprangen.

Alle meine Kameraden ergriffen die Flucht, nur ich blieb stehen. Mit dem Mut der Verzweiflung schrie ich: »Ich bin nicht feige! Ich laufe nicht mehr weg!« Da ich mir aber ihrer Übermacht bewußt war, fügte ich schnell hinzu: »Aber wenn ihr jetzt alle auf einen geht, seid ihr feige!« Daraufhin sonderten sie einen aus, der gegen mich kämpfen sollte.

Der Gegner kam auf mich zu, holte aus und haute mir eins vor den Kopf. Ich war wie gelähmt. Er donnerte mir noch eins vor den Kopf. Ich stand da wie ein Stock. Dann verpaßte er mir eins in die Magengrube. Ich reagierte immer noch nicht. Er trat mir vors Schienbein ... Da, plötzlich brannten in mir die Sicherungen durch, und voller Wut ging ich auf den Feind los. Ich schlug und trat um mich, was das Zeug hielt. Wir lagen uns buchstäblich in den Haaren. Die Fetzen flogen, und Blut floß uns aus den Nasen. Um uns herum tobten die Jungs vom »Land der flachen Dächer« und unterstützten lautstark ihren Kämpfer. Von meinen Leuten sah ich keinen mehr.

Schließlich ging jemand zwischen uns und nahm uns auseinander. »Du bist ein guter Kämpfer«, lobten mich die erprobten Krieger von jenseits des Zauns. Dieses Kompliment aus ihrem Mund war mir eine echte Ehre. Von da an hatte ich bei denen vom »Land der flachen Dächer« einen Stein im Brett. Die Zahl der Überfälle auf unseren Hinterhof nahm ab.

Meine große Leidenschaft galt Kampfspielen: Cowboy und Indianer, gute und böse Ritter, Räuber und Gendarm und Kriegsspiele. Kriegspielen war das Größte. Da der Zweite Weltkrieg gerade erst der Vergangenheit angehörte, wurde man noch tagtäglich an allen Ecken und Enden an seine Schrecken erinnert. Für die Generation meiner Eltern schien das Grauen sehr unverarbeitet, und durch ständiges drüber Reden versuchten sie, ihre Frustrationen zu bewältigen. Trotzdem kam für mich alles, was mit Krieg zusammenhing, eher positiv rüber. Es hatte so was Abenteuerliches. So robbte ich durchs Gelände, spielte mit imaginären Panzern, fand »Bomben« und entschärfte »Minen«.

Den Kindergarten verabscheute ich von ganzem Herzen, denn er beschnitt mich in meiner Freiheit. Ich mußte dort den lieben langen Tag unter der Obhut von zwei evangelischen Schwestern verbringen. Sobald sich eine Chance ergab, haute ich ab, um mit den Jungs von der Straße zu spielen. Mit ihnen Schrott zu sammeln, übte auf mich weit größere Faszination aus als das alberne Spiel mit den Kindergartenkindern. Der Schrott ließ sich gut verkaufen, den Gewinn setzten wir in Coca Cola um. Schwester Emilie und Schwester Hanna wurden nicht sehr glücklich mit mir.

Sonntags gingen Heidenreichs in die Kirche, in die Freie evangelische Gemeinde oder ab und zu in die evangelische Kirche. Selbstverständlich mußte ich mit. Jedem Tag der Woche ließ sich etwas Gutes abgewinnen, nur der Sonntag war echt öde und der Inbegriff der Langeweile. Ich wurde fein rausgeputzt, das Leibchen wurde angelegt und die langen Wollstrümpfe daran festgeknöpft. Dann ging es ab in die Gemeinde. Eigentlich hatte ich Angst vor den Leuten dort, vor allem vor den Männern. Während sie von Freude sangen, schaute ich in versteinerte, ernste Gesichter, und wenn ich gelangweilt auf der Bank hin- und herrutschte, trafen mich ihre strafenden Blicke. Das legte für mich den Gedanken nahe, daß Gott auch so sein müsse, strafend, ernst und wahrscheinlich schwarz gekleidet. Ich war heilfroh, wenn der Gottesdienst dem Ende zuging.

Als ich etwas älter wurde, schickten mich meine Eltern des öfteren alleine in die Kirche. Manches Mal ging ich erst gar nicht hin, sondern setzte mich statt dessen ins Kino, schaute mir Fuzzy-Filme an oder ging mit den größeren Nachbarskindern zum Boxen in die Parkhalle. Das fand ich viel lustiger und spannender. Der Kollektengroschen wurde in Eis umgesetzt: zwei Kugeln zu je fünf Pfennig. Das kleine »Missions-Negerlein« in der Gemeinde kriegte keine Schnitte und brauchte nicht mit seinem Kopf zu wackeln.

Nach dem Gottesdienst ging es nach Hause, und es gab ein gutes Mittagessen mit anschließender Mittagsruhe. Während der Woche gelang es mir des öfteren, meine Mutter auszutricksen und dem leidigen Mittagschlaf zu entgehen. Aber sonntags war mein Vater da, so gab es kein Entkommen. Ungeduldig wälzte ich mich im Bett von einer Seite auf die andere, bis endlich das erlösende Zeichen zum Aufstehen gegeben wurde. Jeden Sonntag wiederholte sich das gleiche: Wir tranken Kaffee und gingen spazieren. Einzige Abwechslung: Wir tranken keinen Kaffee und gingen sofort spazieren. Das Ziel solcher Expeditionen waren irgendwelche Tanten oder Bekannten. Ich atmete auf, wenn mit dem Montag die Woche wieder begann.

Der Tag der Einschulung bedeutete für mich ein weit größeres Fiasko als der Kindergarten. Die Schule erschien mir als eine weitere, viel bedrohlichere Einschränkung meiner Freiheit, und ich hatte keine Ahnung, was sie dort von mir wollten. Panik erfaßte mich: »Wie soll ich das acht Jahre lang aushalten?« Ich beneidete jeden, der in der letzten Klasse war und bald entlassen würde. Wir bekamen ein Fräulein. Sieben Jahre lang mußte ich dieses Fräulein und dieses Fräulein mich ertragen und erleiden. Die Glocke am Ende eines jeden Schultags ertönte als ein Signal echter Erlösung. Im vierten Schuljahr artete es zu richtigem Streß aus. Die Entscheidung über unsere Zukunft stand an. Würde man das Gymnasium oder die Realschule besuchen dürfen oder blieb man auf der Volksschule? Ich hatte in Sachen Schule keinen Ehrgeiz. Ich haßte die Schule. Ich wollte nicht lernen, ich wollte spielen.

Mein bester Freund hieß Dieter. Er wohnte im Mietshaus direkt gegenüber. Mit ihm konnte man so richtig durch dick und dünn gehen. Wir machten alles zusammen. Einmal besorgten wir uns Stinkbomben und warfen sie in den Lebensmittelladen an der Ecke. Als daraufhin die Kunden naserümpfend das Weite suchten, fand unsere Begeisterung kein Ende. Die Verkäuferin stürzte als letzte mit erhobener Faust auf die Straße und schrie hinter uns her, daß sie Schadensersatz von uns fordern würde.

Natürlich rauchten Dieter und ich auch unsere erste heimliche Zigarette gemeinsam. In einem wilden Garten bauten wir uns mit einigen anderen Jungs eine Bude in die Hecke. Wir kauften uns Zigaretten, die Schachtel mit sechs HB zu fünfzig Pfennig, und zogen uns in unser Versteck zurück. Zu unserem Pech ließ sich der Rauch, der durch die lichten Herbstblätter aufstieg, nicht übersehen. Vor lauter Gekicher und Gehuste merkten wir nicht, daß sich eine Nachbarin anschlich, um das vermeintliche Feuer mit einem Eimer Wasser zu löschen. Pitschnaß saßen wir in der Hecke und wagten keinen Mucks von uns zu geben. Was für eine Demütigung!

Oft besuchte Dieter mich oder ich ihn. Seine Familie war katholisch. Mein Vater ermahnte mich: »Daß du mir nur nicht mit ihm in die katholische Kirche gehst.« Oder: »Dieser Dieter ist ja ganz nett, wenn er nur nicht katholisch wäre.« Auch Dieters Eltern redeten so. Ich verstand überhaupt nicht, was das mit unserer Freundschaft zu tun haben sollte. Manchmal bekam ich einige Gesprächsfetzen in seiner oder meiner Familie mit: »Der Soundso ist doch evangelisch, und jetzt heiratet er die Soundso, die ist doch katholisch.« Solche konfessionellen Vermischungen beschworen in unserer Verwandtschaft helles Entsetzen herauf.

Diese offensichtlich so bedeutsame Unterscheidung der Menschen in katholisch und evangelisch ging bei uns sogar so weit, daß ich in die evangelische Martin-Luther-Schule ging, während Dieter ein Stück weiter in die katholische Schule mußte. Tragischerweise führte der Schulweg der Katholiken unausweichlich an unserer Schule vorbei. Des öfteren fielen unsere Schüler über sie her. Dabei ging es mit Vehemenz zur Sache und man stachelte sich gegenseitig mit derben Sprüchen an: »Haut die Katholiken auf die Schnauze, haut die Katholiken auf die Schnauze.« Gelegentlich kamen die Angriffe auch von ihrer Seite. Aus derartigen Auseinandersetzungen hielt ich mich raus, das fand ich einfach zu blöd. Was das wohl mit Gott zu tun hatte? War Gott katholisch oder evangelisch? Oder gab es zwei?

Um meinem Vater einen Gefallen zu tun, ging ich in die Jugendgruppe seiner Freien Gemeinde. Allerdings verachtete ich weithin, was sie dort taten. Ich mußte mit Kindern spielen, mit denen ich gar nicht spielen wollte, und mir dazu noch fromme Sprüche anhören. Zu Hause spielte ich mit denen, mit denen ich spielen wollte, und mußte mir keine frommen Sprüche anhören.

Doch damit nicht genug. Der Ehrgeiz meines Vaters, mich in die »richtigen« Kreise zu bringen, entbrannte gerade erst. Als nächstes kam er auf die glorreiche Idee, mich in einem christlichen Jungmännerverein anzumelden.

Einmal im Jahr gab es eine Freizeit, bei der sich die Mitarbeiter alle erdenkliche Mühe gaben, uns bei guter Laune zu halten. Fußball, Tischtennis, Schnitzeljagd, Stadtbesichtigungen, Eisessen, Lagerfeuer: drei Wochen lang Abenteuer! Leider hatte die Sache einen nervigen Haken: Täglich fütterten uns die Mitarbeiter mit einem halbstündigen »Andachtskeks«. Diese qualvollen Minuten dehnten sich für mich zur Ewigkeit.

Jedoch die bitterste Pille war der massive Druck des Abendgebets, der sich täglich verstärkte. Jeden Abend trafen sich die Mitarbeiter, von dem heroischen Wunsch beseelt, jeden Jungen zum Mitbeten zu motivieren. »Sollen sie gehen. Ich nicht!« dachte ich trotzig. Und so geschah es dann auch. Im Laufe der Zeit gingen immer mehr von uns zu dieser Gebetszeit. Zum Schluß lag ich nur noch mit einem anderen Jungen, dem einzig Standhaften außer mir, im großen Schlafsaal. »Die können beten, bis sie schwarz werden, ich gehe nicht 'rüber!« »Ich auch nicht!« Wir waren uns einig. Die Beter sind nicht schwarz geworden, aber wir sind auch nicht 'rübergegangen.

Je älter ich wurde, desto mehr störte mich das Religiöse an diesen Freizeiten. Noch zweimal fuhr ich mit, danach stand mein Entschluß fest: Nie wieder!

Überall, zu Hause, in der Schule, bei Dieter – alles schien unentrinnbar von diesem freudlosen, düsteren Frommsein infiziert. Sogar bei meiner Lehrerin stellte sich heraus, daß sie Christin war. Doch davon hatte ich nichts, denn sie strafte uns genauso hart wie die anderen Lehrer. Manchmal beschlich mich der Eindruck, daß Erwachsene nur mit dem lieben Gott drohten, um mich brav und artig zu halten.

Selbst bei meinen Verwandten auf dem Land holte es mich ein. Hier ging es sogar ganz besonders heilig zu. Im Haus einer meiner Onkel befanden sich die Räume einer kleinen Gemeinde, die er leitete. Das Haus glich einem Taubenschlag, viele junge Leute gingen ein und aus. Eines Tages schien es eine Art Sensation zu geben, Jugendliche aus dem Dorf und den Nachbardörfern »bekehrten« sich. Bekehrung, dieses Wort, was es auch bedeuten mochte, schwirrte von morgens bis abends durchs Haus. Nur bei mir »klickte« es zur großen Enttäuschung meiner Verwandten überhaupt nicht. Kuhgespanne fahren, Heu einholen, Kartoffeln ausmachen, mit meiner Peitsche, einem Geschenk meines Großvaters hinter dem Hahn herjagen – das entsprach dem, was ich wollte. Meinen Großvater, den liebte ich über alles, der war nicht fromm. Den ganzen christlichen Kram fand ich recht nutzlos und überflüssig. Was wollten die eigentlich von mir? Ich kam mir mit der Zeit wie ein Außenseiter vor.

Roll Over Beethoven . . .

Ein ohrenbetäubender Lärm schreckte mich auf, und ich rannte zum Fenster. Direkt vor unserem Haus standen ein paar Rocker; sie nannten sich die Schwarzjacken und kamen aus der Nachbarschaft und vom »Land der flachen Dächer«. Auf ihren 50-ccm-Kreidlern sitzend, tönten sie lautstark über ihre Heldentaten. Diese Jungs faszinierten mich, denn sie gingen keiner Schlägerei aus dem Weg und sahen sehr abenteuerlich aus: Jeans, Lederjacken und die Haare gestylt wie ihre Vorbilder Elvis Presley und James Dean. Ihre Musik war harter Rock'n Roll, wo sie 'rumhingen, dröhnten und knisterten die Singles von Chuck Berry, Bill Haley und anderen Rock'n Roll-Giganten der 50er Jahre. Ihre Unterhaltung drehte sich um einen Film mit dem legendären Buddy Holly. Das Kino hatte reichlich unter ihrem Besuch und ihrer Begeisterung gelitten, die ganze Bude lag in Trümmern.

Ein anderes Mal kamen die Schwarzjacken-Rocker von einer Kirmes zurück. Dort hatten sie sich mit einer rivalisierenden Bande, den Panthern, ein hartes Gefecht geliefert. Durch einen Messerstich verlor dabei einer der Rocker sein Leben, und einer von den Schwarzjacken prahlte damit, daß er einem Gegner ein Ohr abgebissen habe. Natürlich tauchte des öfteren in unserer Gegend die Polizei auf, und es kam zu Verhaftungen, die nicht immer kampflos abliefen. Doch das schreckte mich keineswegs ab, sondern es forderte mich eher heraus. »So willst du auch mal werden. Die kümmern sich um niemanden und lassen sich von keinem was sagen.« Meine Eltern und viele Erwachsene packte schieres Entsetzen darüber, was da unter den Jugendlichen aufbrach: Wo kam das bloß her? Sie hatten es ihnen auf alle Fälle nicht beigebracht!

Ohne jeden Respekt gegenüber bürgerlichem Anstand und traditionellen Werten trugen die Rocker ihre Rebellion offen zur Schau. In meiner Vorstellung stiegen sie zu Helden auf, und ich fand sie außergewöhnlich mutig. Was sie lebten, entsprach meiner Vorstellung von Freiheit. Ihre Art, sich mit Muskeln durchzusetzen, motivierte mich, in einen Boxclub einzutreten. Nach einigen Monaten harten Trainings stand mein erster Punktekampf bevor. Mein Trainer wollte mich vorher ein bißchen in Form bringen und traf dabei genau meinen Punkt, und ich ging k. o. zu Boden. Tausend Sternchen tanzten vor meinen Augen. Rocker hin, Rocker her, das fand ich nun doch zu hart; ich ging nie wieder in den Boxclub.

Meine Haare frisierte ich mir jetzt ebenso wie Elvis. Das brachte meinen Vater fast um. Als ich mir eine Jeans wünschte, empörte er sich: »Sowas kommt mir nicht ins Haus. Was sollen denn die Leute denken!« Meine Mutter schenkte mir hinter dem Rücken meines Vaters dann doch eine zum Geburtstag, allerdings eine braune, keine blaue. Wenn mein Vater weg war, konnte ich sie anziehen.

Den nächsten Schritt hinter meinen Idolen her machte ich mit meinem ersten Alkoholrausch. Heiligabend, beim Nachbarn, alle schienen so schön lustig nach der Bescherung, schlug ich voll zu: ein Bier, ein Schnaps, ein Bier, ein Schnaps . . . Mir wurde hundeelend, ich mußte mich übergeben, und kurz vor Mitternacht sank ich zusammen. Den nächsten Tag überstand ich nur mit Mühe und Not. Doch diese Erfahrung hielt mich nicht davon ab, von da an des öfteren zur Flasche zu greifen.

Auch mein Interesse an Mädchen wurde intensiver. Daß ich durchaus eine Wirkung auf sie ausübte, merkte ich bereits im siebten Schuljahr. Eine Blondine blinkerte mir zu, und ich verliebte mich Hals über Kopf in sie. Zu meiner

Erschütterung haute sie aber bald darauf mit einem anderen ab.

Genau wie bei meinen Vorbildern, den Rockern, spielten nun in meinem Leben fünf Dinge eine wichtige Rolle: Aussehen, Musik, Mädchen, Alkohol, Zigaretten. Es machte mir Spaß, zu schockieren und aufzufallen. Die Zeit der Kampfspiele war nun endgültig vorbei.

Meinem Vater und dem Geld zuliebe meldete ich mich zum Konfirmandenunterricht an. Der Pfarrer war ganz nett und wußte uns Jugendliche zu nehmen. Bibelverse, Gesangbuchlieder, Katechismus, wir paukten uns den stupiden Kram in den Kopf, doch wofür das gut sein sollte ... wer wußte das schon. Da ich mir von einer guten Konfirmationsprüfung gutes Geld versprach, strengte ich mich einigermaßen an, bis zur Prüfung nicht alles wieder zu vergessen.

Für die Konfirmation war es leider notwendig, sich in einen Anzug zu zwängen. Ich haßte Anzüge, und wenn es schon sein mußte, wollte ich wenigstens so einen haben, wie ihn meine Vorbilder trugen: blau glitzernd mit einer modernen Fliege, nur keine Krawatte!

Am Morgen des Konfirmationssonntags sprach mein Vater mit feierlicher Stimme und zutiefst bewegt: »Karl-Walter, ich bin so stolz auf dich.« Tränen der Rührung standen in seinen Augen. Für ihn schien es ein ganz besonderer Tag zu sein. Viele unserer Verwandten und Bekannten hatten sich angesagt, diesen denkwürdigen Anlaß mit uns zu feiern. Mit Lässigkeit – glitzernd in meinem neuen blauen Anzug – ließ ich die Prozedur über mich ergehen.

Meine Eltern gaben sich alle erdenkliche Mühe, die vielen Gäste unterzubringen. Die Betten und das andere überflüssige Mobiliar hatten sie aus unserer kleinen Zweizimmerwohnung auf den Dachboden geräumt und statt dessen Tische und Stühle von den Nachbarn herbeigeschafft. Ein fantastisches Festessen, das meine Mutter vorbereitet hatte, wurde aufgetischt. Unsere kleine Wohnung war rappelvoll.

Meine Meinung dazu stand fest: »Je mehr Leute, desto mehr Geschenke!« Gespannt machte ich einen Umschlag nach dem anderen auf. Zwanzig Mark – zehn Mark – fünfzig Mark. Am Ende des Tages kam ich auf die stolze Summe von vierhundertachtzig Mark. Silberbesteck, Tortengabeln und Kuchenheber sowie andere Geschenke übersah ich geflissentlich.

Am Montag in der Schule gab es nur ein Thema: Wieviel Geld hatte die Konfirmation eingebracht? Der eigentliche Sinn rauschte an uns vorbei wie ein kurzer Gewittersturm.

Mit diesem Tag stand mein Entschluß fest: »Der christliche Jungmännerverein und die Kirche sehen mich nie wieder. Das lasse ich jetzt hinter mir.« Wenn ich meine Erfahrungen zusammenzählte, kam für mich als Endergebnis heraus, daß es sich nicht lohnte, die Sache mit dem Christentum weiterzuverfolgen. Tatsächlich wurde ich aus der Kirche erfolgreich hinauskonfirmiert.

Anfangs plagte mich ein bißchen Sorge: »Wenn es diesen Gott wirklich gibt, wird er jetzt auf mich reagieren. Wenn ich mich jetzt nicht um ihn kümmere, wird er mich bestrafen ...« Ich stellte mir das in Form eines Autounfalls oder einer unheilbaren Krankheit vor. Vielleicht würde er mir einen Ziegelstein auf den Kopf fallen lassen. Als nichts dergleichen geschah, hielt ich das für einen klaren Beweis: »Das Märchen mit dem lieben Gott ist doch nur für alte Leute, die nicht wissen, wie sie sterben sollen, und für Spießer, die sich nicht trauen, ihr Leben richtig auszuleben.« Ich empfand die »Kirchenrennerei« als heuchlerisch und fade. Sie hatten versucht, mich mit einem schlechten Gewissen in ihren Grenzen zu halten, und benutzten das ganze Gerede über Gott als Druckmittel.

Überhaupt machte ich mir Gedanken über den Sinn meines Daseins. Ständig verfolgte mich das Gefühl, mich gegen irgend jemanden wehren zu müssen, der mich irgendwie leben wollte. Aber ich wollte mir von niemandem, weder von meinem Vater noch von einer anderen Autorität, in mein Leben reinreden lassen!

Da der Volksschulabschluß nahte, mußte ich mich – ob ich wollte oder nicht – mit der Frage der Berufswahl auseinandersetzen. Die meisten in der Klasse hatten bereits ihre Lehrstellen. Die neugierigen Fragen meiner Verwandten und Lehrer über meine Zukunftspläne nervten mich gewaltig. Obwohl mein Vater sich Mühe gab, mir verschiedene Berufe schmackhaft zu machen, stießen sie mir allesamt sauer auf, denn ich hatte keine Ahnung, was ich werden wollte. Den einzigen Ausblick, den das Berufsleben bot, entdeckte ich darin, daß man da »Kohle« machen konnte.

Doch dieses Problem löste sich fast wie von selbst. Mein Vater kam mit einem Lehrvertrag nach Hause. Eine Metallfirma erklärte sich bereit, mich als Werkzeugmacher auszubilden. Meine erste Frage lautete natürlich: »Wieviel verdient man pro Monat im ersten Lehrjahr?« »75 DM«. Naja, immerhin besser als die »Friseurlinge«, die kriegten nämlich nur 40 DM. Die Lehre dauerte dreieinhalb Jahre. Ich hätte mir dringend gewünscht, sie wäre kürzer gewesen, aber leider ließ sich diese Angelegenheit offensichtlich nicht schneller erledigen. »Es könnte schlimmer kommen«, willigte ich schulterzuckend ein und unterschrieb den Lehrvertrag.

Mit meinem letzten Schultag gab ich mich der Illusion hin: »Jetzt beginnt ein neues Leben. Das alte läßt du hinter dir. Du wirst leben wie die Rocker.«

Am 1. April 1964 tanzte ich bei meiner Lehrstelle an: mit Röhrenjeans und Elvisfrisur, die Aktentasche unterm Arm, mit Thermosflasche, Butterbroten, Henkelmann und Blaumann. Im Umkleideraum bekam jeder neue Lehrling seinen Spind zugewiesen. Wir zogen uns um und gingen rein in die Fabrik. Ich erhielt eine Stechkarte, drückte die Uhrzeit, und dann ging es los. In dem Augenblick, in dem ich die Halle betrat, zerplatzten meine Pläne von der neuen Freiheit wie Seifenblasen. »Das darf doch nicht wahr sein, der nächste

Knast! Das hältst du nicht aus!« Hatte mich die Schule schon eingeengt, so fühlte ich mich hier erst recht in die Enge getrieben. Nur die Tatsache, daß ich die Schule überlebt hatte, gab mir Hoffnung, dies ebenfalls zu überleben.

Jetzt wurden auch meine Vorstellungen über den Beruf des Werkzeugmachers gründlich geradegerückt. Ich hatte allen Ernstes angenommen, daß es sich um jemanden handelt, der einen Hammer, eine Zange, einen Meißel oder eine Schippe herstellt. Aber was mich nun erwartete, haute mich völlig vom Sockel: Man drückte mir einen viereckigen Eisenklotz in die Hand, den ich »winkelig« feilen sollte. Was ich im ersten Augenblick für einen Aprilscherz hielt, entpuppte sich bald als bitterer Ernst. Voller Widerwillen stand ich da mit meinem Schraubstock, meiner Feile, meinem Eisenklotz und schrubbte drauf los. »So ein Blödsinn«, es schien mir höchst absurd, »das Ding ist doch schon gerade.« Der einzige Lichtblick an diesem Tag blieb ein weiblicher Lehrling, der im Büro anfing. Es knisterte ganz schön zwischen uns.

Als ich im Laufe der Monate meine Arbeitskollegen näher kennenlernte, beschlich mich Entsetzen: »Hilfe! So willst du nicht werden!« Es konnte doch nicht der Sinn eines Lebens sein, von Feierabend bis Feierabend, von Wochenende zu Wochenende und von einer Feiertagsserie zur nächsten zu malochen. Ich konnte mir nicht vorstellen, daß der alljährliche Höhepunkt der Urlaub sein sollte, um danach für ein neues Jahr in den Arbeitsfrust einzusteigen. Je älter meine Kollegen waren, desto frustrierter und verbitterter wirkten sie, viele von ihnen waren Alkoholiker. Sie rackerten sich für eine kärgliche Rente ab. Zur Belohnung würde auf ihrem Grabstein stehen: »Arbeit war sein Leben.«

Doch der größte Frust kam, als der Winter anbrach. Es war morgens düster, wenn ich zur Arbeit ging, und es war abends schon wieder dunkel, wenn ich aus meinem Knast herauskam. Den Tag sah ich kaum. Mein Leben zerrann in dieser öden Arbeitsmühle. Es erschien mir völlig sinnlos.

Den Chef mochte ich nicht besonders. Einmal am Tag kam er rein, um zu kontrollieren, ob und wie wir arbeiteten, dabei wurde er immer reicher. Mein Meister genoß meine volle Abneigung. Acht Stunden hockte er in seiner Glasbude und machte selbst keinen Finger krumm. Ich entwickelte mich zum Schrecken meiner Firma. Ich war der Rebell. Aber meine Vorgesetzten verpaßten ebenfalls keine Gelegenheit, mich zu provozieren: Als ein Geselle mein Werkzeug auf der Werkbank festnagelte, dachte ich: »Was der kann, kann ich schon lange!« und tat das gleiche mit seinem Werkzeug. »Das machst du wieder ab! Sonst kriegst du was hinter die Löffel.« Wutschnaubend kam er angetobt. Ich ergriff meine Brechstange, baute mich vor ihm auf, und entgegnete frech: »Komm doch, dann hau ich dir die Eisenstange übers Kreuz.«

Mein Berufsschullehrer repräsentierte in meinen Augen den typischen Versager. Eines Tages versuchte er mich zu zwingen, an der Tafel etwas zu zeichnen. Ich stand da und rührte mich nicht. Er buffte mich in den Magen. Daraufhin rastete ich aus, packte ihn entschlossen am Kragen und wollte ihn zusammenschlagen. Doch die anderen hielten mich zurück. Diese Scheißautoritäten – woher nahmen sie sich das Recht, mir zu sagen, was ich tun sollte? Des öfteren schwänzte ich die Berufsschule, und wann immer ich konnte, ging ich nicht zur Arbeit.

Inzwischen besaß ich einen eigenen Plattenspieler – einen »Klackomat« – und einige Rock'n'Roll-Singles, die ich so oft wie möglich hörte.

Zu Weihnachten bekam ich darüber hinaus eine schöne, rote, elektrische Höfner-Gitarre geschenkt. Die schloß ich an ein Radio an, drehte es bis hinten hin auf – und los ging's, mit dem Resultat, daß unsere Nachbarn auf die Barrikaden gingen und fast die Wand einhämmerten.

Es klingelte Sturm an unserer Wohnungstür. Draußen stand Billi, total aufgeregt: »Walter, Walter, komm schnell 'rüber, das mußt du hören ... Wir haben ganz neue Musik. Die ist umwerfend.« Seine Begeisterung machte mich neugierig. Ganz neue Musik – das klang verheißungsvoll.

Und dann hörte ich sie – das erste Mal – die Beatles! »I wanna hold your hand!« »Wahnsinn! Einfach Wahnsinn!« Ein Schauer lief mir über den Rücken, ich kriegte eine Gänsehaut. Meine Begeisterung steigerte sich ins Unendliche, als ich die Rückseite hörte: »Roll over Beethoven.« Das Stück fand ich noch fetziger, noch härter, und es sprach genau mein Lebensgefühl an. Es packte mich und ich konnte nicht länger an mich halten. Immer und immer wieder spielten wir die Single und tanzten wie verrückt in der kleinen, engen Bude 'rum. Ich mußte diese Platte so schnell wie möglich haben. Also rannte ich am nächsten Tag los und besorgte sie mir.

Als ich das Plattencover sah, brach für mich die Welt zusammen: »Diese Pilzköpfe und diese Klamotten ...! Wie sehen die denn aus!« Doch dieses Vorurteil ließ ich bald fallen. Als ich mit meiner Beatles-Frisur um die Ecke kam, erlitt mein Vater beinahe buchstäblich einen Herzinfarkt. Erklärte er bereits Rock'n'Roll zur Urwaldmusik, hierfür fand er fast keine Worte mehr. Wie oft in solchen Krisensituationen, versuchte meine Mutter zu vermitteln und meinte beschwichtigend: »Laß den Jungen doch.« Gelegentlich ließ sie in solchen heiklen Situationen die Bemerkung fallen, daß sie ja für mich betete. Das regte mich nur auf, sie sollte mir nicht mit diesem frommen Zeug auf den Keks gehen.

Inspiriert durch die revolutionäre Beatmusik, schossen die Bands wie Pilze aus dem Boden. Mein größtes Ziel war es, ebenfalls Musiker zu werden, und so baute ich eine Gruppe auf. Wir nannten uns die »Bads« und übten in unserer Gartenlaube. Zu meinem Bedauern packten es meine Kumpel überhaupt nicht; ihnen erschien ihre Lehre wichtiger als die Musik. Für mich blieb das absolut unverständlich. Meiner Ansicht nach begriffen sie nicht, daß Musik das Mittel war, um die ganze Welt zu erobern.

Je höher die Rockmusik an meinem Horizont aufstieg, um so mehr wuchs zu Hause das Chaos, denn ich wollte nicht arbeiten, sondern ausschließlich für Musik leben. In der Frauenabteilung bei »Charme & Anmut« kaufte ich mir eine lila Cordhose und ein papageibuntes Hemd. Die Haare ließ ich mir lang wachsen und provozierte damit sämtliche Leute. Ich aß selten zu Hause, sondern lebte von Pommes Frites und Currywurst. Die »Bratkartoffel im neuen Gewand« brach gerade erst auf, um Deutschland zu erobern.

Meinen Lohn investierte ich in Singles von den Beatles und den Rolling Stones. Mit der Musik kamen die Tanzclubs in mein Leben; obwohl noch keine sechzehn, hielt ich mich ständig dort auf. In Iserlohn gab es zwei Clubs, die »in« waren. Bei »Sommer« spielten die progressiven und im »Klotz« die etwas braveren Bands. Klar, daß es mich zu »Sommer« zog.

Natürlich veränderte sich mein Freundeskreis zusehends. Ich fand Leute, die die gleichen Interessen besaßen wie ich, und gemeinsam grasten wir die Clubs im Ruhrgebiet ab. Oftmals kam ich stockbetrunken nach Hause.

Im Alkoholrausch reagierte ich fürchterlich aggressiv. Ich zettelte Schlägereien an, obwohl ich gar nicht so stark war. Dabei bekam ich so manches Mal eins aufs Auge. Eigentlich war ich feige, aber in solchen Momenten schien keiner vor mir sicher, selbst meine besten Freunde nicht.

Eines Tages spielten die Lords und die Rivets aus Hamburg in unserer Stadt. Doch mehr als die Stars haute mich eine Iserlohner Band aus den Socken: die Outlaws. Ich fand sie absolut gut, lernte sie kennen, und innerhalb kürzester Zeit wurde ich ihr Roadie. Wir tourten durch das Ruhrgebiet. So verdiente ich mir manche Mark nebenbei. Wir wurden gute Kumpel. Im Grunde genommen ging es bei unserer Freundschaft um drei Dinge: Mädchen, Musik und Bier. Mädchen und Bier wurden gewechselt, so oft es ging. Die Musik blieb. Zu Hause stapelten sich die Schallplatten: Beatles, Rolling Stones, Kinks, Who, Pretty Things, Swinging Blue Jeans.

Das Leben hätte wunderbar sein können, wenn ich nicht immer wieder in diesen entsetzlichen Arbeitsknast zurück gemußt hätte. Eine willkommene Abwechslung bahnte sich an, als bekannt wurde, daß Dave Dee, Dozy, Beaky, Mick & Tich in der Parkhalle ein Konzert geben sollten und die Outlaws als Vorgruppe engagiert waren. Ein solches Ereignis konnte ich mir nicht entgehen lassen. Bloß – wie hinkommen? Kurzerhand ließ ich mir einen Schraubstock auf den Fuß fallen. Daraufhin war mein Zehnagel so ruiniert, daß es reichte, um sechs Wochen krank zu feiern. Nun hatte ich freie Bahn, um zu Dave Dee zu humpeln. Es entwickelte sich zu einem Riesenspektakel, auch die Presse ließ sich blikken. Zufällig geriet ich ins Objektiv einer dieser Presseleute, und er fotografierte mich mit einem meiner langhaarigen Kollegen.

Als ich nach einigen Wochen gesund zurück zur Arbeit kam, holte mich der Meister sofort in seine Glaszelle und hielt mir wutschnaubend den Zeitungsartikel mit dem Bild unter die Nase. »Heidenreich, du warst ja gar nicht krank, du tanzt ja hier mit einem Frauenzimmer«, rastete er aus. Ich blieb ganz cool. »Der spinnt total, der kann nicht mal einen Mann von einer Frau unterscheiden.« Ich ließ ihn stehen und ging. Der konnte mich doch mal ...

Dann sah ich sie live: die Beatles! In der Essener Grugahalle. Tausende und aber Tausende junger Leute aus Deutschland und den Nachbarländern reisten an, nur um sie zu sehen. Es war »das« Ereignis. Nur die wenigsten gelangten in den Besitz einer Eintrittskarte. Ich schätzte mich überaus glücklich, eine dieser umkämpften Karten in den Händen zu halten. Jeans, schwarzer Lackmantel, auf dem hinten in gelben Klebestreifen »Jailbird« geschrieben stand, Sonnenbrille, lange Haare – so machte ich mich auf, mitten hinein in den Hexenkessel.

Viele Stunden vor dem eigentlichen Konzert waren die Straßen und der Platz vor der Grugahalle von wartenden Fans überfüllt. Die Euphorie überschwappte alle Grenzen: Polizisten auf Pferden, die versuchten, die Ansammlung in den Griff zu bekommen, wurden mit Knallkörpern beworfen, und die Straßenbahn wurde aus den Schienen gehoben. Meine überschüssige Kraft ließ ich an einem Straßenschild aus. Im Saal tobte die Masse. Als man Ringos Schlagzeug mit dem Schriftzug »Beatles« auf die Bühne brachte, fielen die ersten Mädchen in Ohnmacht. Das Rote Kreuz hatte alle Hände voll zu tun. Einige der Fans versuchten schreiend, die Bühne zu erstürmen, doch ihre Versuche endeten kläglich auf einem zehn Meter breiten Schmierschaumteppich und an einem Geländer.

Und dann spielten sie: die Beatles! Doch vor lauter Gekreische der Menge hörte man fast nichts. Am lautesten schrien die hysterischen Mädchen. Genau hinter mir saß so eine. Sie riß mich derart am Kragen, daß mir fast die Luft wegblieb, und brüllte mir ins Ohr »Paul, Paaaul, Paaaaul!« Es war so ziemlich das einzige, was ich hörte; die Musik ging zu meinem Bedauern völlig unter. Am Ende des Konzerts suchte ich nach meinem Begleiter. Wir hatten ein bestimmtes Kartenvorverkaufshäuschen als Treffpunkt ausgemacht. Es war verschwunden, aufgebrachte Fans hatten es kurz und klein geschlagen, als klar wurde, daß sie keine Karten mehr bekommen würden. Für mich zählte dieses Erlebnis zu den krönenden Highlights dieser Zeit!

Die Rock'n'Roll-Ära war endgültig »out«. Meine Rocker-Idole aus der Nachbarschaft konnten mit meinem extremen Auftreten nicht mehr mitkommen. Ich hatte sie überholt.

Born To Be Wild . . .

Der Sommer kam, und ich fuhr mit den Outlaws nach Dänemark. Es war die Zeit, in der die Beatles mit »All you need is love« und die Stones mit »We love you« die Charts eroberten. Wir packten unser Zelt in einen roten VW-Bus auf dem groß in Weiß »OUTLAWS« stand, und fühlten uns wie die Kings. Die Faszination, fremde Länder und Menschen kennenzulernen, zog mich in ihren Bann. Von da an ging ich immer häufiger »on tour«.

Entsprechend meinem großen Vorbild George Harrison ließ ich mir auf dieser Fahrt einen Schnäuzer wachsen. Als ich so die Firma betrat, zitierte mich mein Meister sofort in seinen Glaskasten und schrie mich an: »Wie siehst du denn aus, du Rasputin!« Mit den Worten: »Was geht dich das an, du Rübezahl«, ließ ich ihn mal wieder stehen.

So langsam wurde ich durch mein exzentrisches Auftreten und mein rebellisches Verhalten stadtbekannt. Ich war mächtig stolz auf mein Äußeres und meinen schlechten Ruf bei den Spießern, denn immerhin ließ ich mir als einer der ersten die Haare langwachsen. In mir wuchs die Überzeugung, daß man eigentlich machen konnte, was man wollte, denn offensichtlich schien »alles irgendwie zu gehen«.

Zu Hause wurde es zunehmend schwieriger. Mit meinem Vater stritt ich sehr oft. Er hatte mittlerweile den Traum von einem fahnenschwenkenden Sohn, der es durch Marschieren und Tanzen in einer schlesischen Trachtengruppe zu Ruhm brachte, endgültig begraben. Zu meinen Verwandten wollte ich auch nicht mehr. Manchmal besuchte ich sie noch, doch nur, um sie durch mein Aussehen zu schocken.

In dieser Zeit fuhr ich das erste Mal mit einem Freund nach Amsterdam. Als wir aus dem Zug stiegen, war der

Bahnhof voll mit Langhaarigen, den sogenannten Provos, der holländischen Polit-Rockerszene der 60er Jahre. Diese Leute hörten die gleiche Musik wie wir, sie hatten den gleichen Touch wie wir. Mit wenig Geld in der Tasche, unsere Schlafsäcke unter den Arm geklemmt, nahmen uns die Amsterdamer Gammler auf wie liebe Verwandte.

Sie hielten einen leerstehenden Häuserblock besetzt und luden uns ein, bei ihnen zu wohnen. Morgens kamen die Jungs vorbei und bereiteten uns ein tolles Frühstück, indem sie Brötchen und Milch vor den Bäckereien und Häusern klauten und uns und sich selbst damit versorgten. Das empfand ich als Leben in wirklicher Freiheit. Dieser Lebensstil schien mir durch und durch konsequent.

Doch leider fanden wir uns in allerletzter Konsequenz in einem Amsterdamer Gefängnis wieder. Dorthin wurden wir wegen Landstreicherei wie Schwerverbrecher mit Maschinenpistolen abgeführt. Wir konnten kein Geld und keinen festen Wohnsitz nachweisen, und so erteilten sie uns einen Landesverweis. Gammler, die nichts anderes taten, als den ganzen Tag am »Dam« rumzuhängen, hatten sie schon zu Hunderten.

Ich sehnte das Ende der Lehre herbei. Doch je näher es kam, um so höher wurde der Prüfungsberg. Wie sollte ich ihn nur überwinden? Er stand vor mir wie ein bedrohliches, schwarzes Monster. Natürlich führte ich keine Berichtshefte. Da ich sie aber zur Prüfung vorlegen mußte, besorgte ich mir die Hefte von anderen und schrieb daraus ab.

Nach bestandener theoretischer Prüfung kam die praktische an die Reihe. Es war ein heißer Tag im Juli. Wir kamen morgens in die Lehrwerkstatt. Jeder von uns bekam seine Zeichnung ausgehändigt mit Vorgabe der Zeit, wann das Werkstück fertig sein sollte. Als ich meine Zeichnung nehmen wollte, ließ der Prüfer sie provozierend vor mir auf die Erde fallen. Ich wußte, er mochte mich nicht, meiner langen Haare wegen. »Du kriegst mich nicht klein«, nahm ich mir vor und hob die Zeichnung auf. Einige Stunden hielt der Frieden. Doch dann fing er erneut an, mich zu schikanieren. Ich sollte mir beim Feilen und Bohren eine Mütze oder ein Kopftuch aufsetzen. Beim Bohren, das konnte ich verstehen, aber beim Feilen? Das war reine Provokation! In meiner gesamten Lehrzeit mußte ich das nicht einmal tun. Stinksauer schmiß ich das Werkstück vor ihn hin und schrie: »Ich hab' die Schnauze bis oben hin voll. Mir reicht es, und zwar endgültig.« Entsetzt über mein Ausrasten versuchten mich die anderen zurückzuhalten: »Walter, du bist verrückt, du kannst doch jetzt nicht alles hinschmeißen.« Aber ich konnte!

Mein Chef unternahm einen letzten Versuch, die Sache »geradezubiegen«. Er forderte mich auf, mit meinem Vater zu ihm zu kommen. Da saß er hinter seinem dicken Schreibtisch und gab sich sichtlich Mühe, mich zu motivieren. Er wolle mir eine letzte Chance geben, indem er bereit sei, die Lehre um ein halbes Jahr zu verlängern. Aber ich sagte: »Nee, ich hab kein' Bock mehr.« »Wozu haben Sie denn überhaupt Lust, junger Mann?« fragte er schon leicht gereizt. »Das interessiert Sie sowieso nicht«, entgegnete ich. Plötzlich sprang er von seinem Chefsessel auf und brüllte mich an: »Ich weiß, wozu du Lust hast! Du willst gammeln, gammeln, gammeln . . .!« Das ließ mich kalt und beeindruckte mich kein bißchen. Frech erwiderte ich ihm: »Jawohl, ich will gammeln; und Ihr Laden hier wird sowieso bald Pleite gehen.«

Zu der Zeit bekam mein Vater viele graue Haare, und viele fielen ihm aus. Was hatte er da nur für einen Sohn großgezogen . . .?

Mein Chef hatte ja vollkommen recht. Ich wollte tatsächlich nichts anderes als gammeln. Arbeiten war mir zuwider. Arbeiten war etwas für Doofe. Ich wollte »ich« sein. Ich wollte die Welt sehen. Mein Ziel bestand nicht darin, sechzig Jahre alt zu werden. Dreißig Jahre hätten mir vollkommen genügt, lieber dreißig Jahre gut gelebt als sechzig Jahre gar nicht. So dachten damals viele junge Leute. Es war das Jahr von Sgt. Pepper's Lonely Heart's Club Band.

Logischerweise meldete auch bald die Bundeswehr ihren Anspruch auf mein Leben an. Der Musterungsbescheid kam, und damit standen die nächsten vor der Tür, die etwas von mir wollten. Die Zeit, in der Krieg mich faszinierte, gehörte längst der Vergangenheit an. Sicher, inzwischen die Machtspiele der Großen dieser Welt zu durchschauen, verspürte ich keinen Bock, mir für dekadente Bonzen und Politiker den Hintern abschießen zu lassen. »Alles, was diese Welt braucht, ist Liebe, nicht Kanonen«, war meine Überzeugung.

Aber es gestaltete sich gar nicht so einfach zu verweigern. Einige meiner Bekannten versuchten es und scheiterten. So galt als neuester Hit auf der Szene, bei der Musterung »einen auf bekloppt zu machen«. Ich entwarf einen Plan.

Zum ersten Musterungstermin erschien ich erst gar nicht. Danach drohten sie mir, mich mit den Feldjägern abzuholen. Beim zweiten Mal erlaubte ich mir eine Verspätung von drei Stunden. Meine Haare hatte ich mehrere Tage nicht gewaschen, und ich war unrasiert. Mit zerrissener Lederjacke betrat ich den Warteraum. Etliche warteten bereits auf ihren Wehrpaß. Mit einem Blick auf mein Äußeres meinten sie: »Dich nehmen sie. Solche Typen wie dich nehmen sie gerade.« Ich dachte: »Abwarten.«

Ich wurde aufgerufen: »Warum kommen Sie jetzt erst?« »Ich hab's nicht gefunden«, stammelte ich. Man mußte schon reichlich doof sein, um das Kreiswehrersatzamt in Hagen nicht zu finden. »Ihr Paßbild, bitte.« »Paßbild?« »Natürlich Paßbild. Das stand doch in Ihrem Musterungsbescheid.« Ich kramte in meiner Jackentasche, und nach längerer Zeit holte ich ein zerknittertes, verschmiertes, uraltes Foto hervor. Der Blick meines Gegenübers sprach Bände.

Anschließend ging es zur Untersuchung. Die Krönung bildete der Idiotentest. Er bestand aus drei Fragen. Ich stand in meiner Badehose da und sollte diese Fragen beantworten, während ich mich anzog. »Was ist der höchste Berg Deutschlands?« Ich hörte auf, mich anzuziehen, und antwortete wie aus der Pistole geschossen: »Der Brocken.« Der begutachtende Arzt konnte es kaum fassen und brüllte mich an: »Noch nie was von der Zugspitze gehört? Und ziehen Sie sich weiter an!« Seine nächste Frage lautete: »Welche Funktion hat das Herz?« Ich hörte wiederum auf, mich anzuziehen. Der Arzt ermahnte mich eindringlich: »Ziehen Sie sich an, während sie mir die Fragen beantworten.« Ich behauptete: »Ich kann nur eins, mich anziehen oder nachdenken.« Daraufhin brauchte ich mich nicht weiter anzuziehen, und ich stotterte etwas vom Herz und vom Leben, daß es schlägt und so weiter. Der Arzt wurde fuchsteufelswild und fragte, ob ich ihn »verscheißern« wolle. Seine letzte Frage lautete: »Drei Eier kosten 60 Pfennig, was kostet ein Ei?« Daraufhin steckte ich nachdenklich meinen Finger in den Mund und begann langsam zu rechnen. »Ziehen Sie sich an und dann raus«, schnauzte er. Er hatte genug. Ich war erleichtert. Sollte ich es geschafft haben?

Nach einiger Zeit bekam ich meinen Wehrpaß. Man sagte mir, ich solle damit sehr verantwortlich umgehen, am besten würde ich ihn meinen Eltern zur Aufbewahrung geben. Es erschien mir schon ein bißchen eigenartig, wie sie mich behandelten.

Tatsächlich teilten sie mir bedauernd mit, daß ich nicht tauglich sei. Ich sei »nur« Ersatzreserve II, wegen Leistungsfunktionsstörungen. Ich tat ganz erschrocken und fragte bestürzt: »Was ist das denn?« Daraufhin meinten sie, es sei weit über Mittag und sie hätten nicht die Zeit, mir das zu erklären. Ich bekam mein Fahrgeld und konnte gehen. Im Flur traf ich einen Drei-Sterne-General, der mit im Untersuchungsraum gewesen war. Zwinkernd grinste er: »Naja, manchmal denke ich, die beste Armee ist die Ersatzreserve II.«

Als ich nach Hause kam, schaute mich mein Vater voller

Ewartung an: »Na, wann wirst du gezogen?« »Überhaupt nicht.« Für meinen Vater brach wieder mal eine Welt zusammen, denn er hatte gehofft, daß sie mich vielleicht beim Bund hinkriegen und ich endlich vernünftig würde.

»Vernünftig«, diesen Begriff hörte ich ständig von der älteren Generation. Ich hätte gerne gewußt, was sie unter Vernunft verstanden. Ich fand es nicht vernünftig, daß sie zuließen, wie man Millionen von Juden vergaste. Waren sie vernünftig, als sie einem größenwahnsinnigen Führer »Heil« zuriefen und dabei strammstanden? War es vernünftig gewesen, daß deutsche Soldaten Nachbarländer überfielen und einen 2. Weltkrieg anzettelten? Diese »vernünftigen« Leute wollten mir jetzt vorschreiben, was ich tun und lassen sollte. In meinen Augen waren sie schuld daran, daß ich mich schämte, ein Deutscher zu sein. Diese Scham befiel mich jedesmal, wenn ich im Ausland nach meiner Nationalität gefragt wurde.

'67 kam ein französicher Clochard nach Iserlohn. Mit Kreide malte er riesige Bilder auf die Pflastersteine. Von dem Geld, das die Leute in seine Blechbüchse warfen, lebte er. Durch sein gammeliges Aussehen erregte er Aufsehen. Ich lernte ihn näher kennen und machte die sensationelle Entdeckung, daß er Marihuana besaß. Alkohol und Aufputschmittel konsumierte ich inzwischen regelmäßig. Speed brachte einen »voll drauf«, man wurde nicht müde und konnte zwei Tage ohne Schlaf auskommen.

Aber Marihuana – Rauschgift! –, das empfand ich als etwas Unheimliches, es vermittelte das Flair von Tod. Wenn ich an Drogen dachte, standen mir die Bilder des Aufklärungsfilms vor Augen, den man uns in der Schule gezeigt hatte: von den Opiumhöhlen in China. Es sah schrecklich aus, wie die ausgemergelten Leute dort rumlagen, die Wasserpfeife auf dem Zahn zogen sie sich das Zeug rein und verreckten elendig.

Ein Kumpel von mir, dessen Eltern Urlaub machten, lud

die Szene in seine sturmfreie Bude ein. Die Wohnung füllte sich mit wilden Leuten, auch der Clochard kam. Er bot mir von seinem Marihuana an. Nach anfänglicher Skepsis siegte meine Neugier, und ich rauchte zum erstenmal mit einem Typen zusammen Gras. Wir warteten gespannt auf die Wirkung, mit dem Ergebnis, daß wir beide völlig high in der Badewanne zwischen den Bierdosen lagen und uns bepillerten: »Man spürt ja nichts, man spürt ja nichts.« Dabei lachten wir uns kaputt.

Alle anderen standen um uns herum und fragten: »Was ist denn mit denen los?« Je ratloser sie uns anstarrten, desto ausgeflippter wurden wir. Der Abend nahm einen wilden Verlauf, und die Wohnung glich einem Schlachtfeld. Als die Eltern nach Hause kamen und ihre ramponierte Einrichtung sahen, setzten sie ihren Sohn kurzerhand vor die Tür.

Es zog mich heraus aus der Enge unserer Stadt; mich trieb ein regelrechter Unruhegeist. Gemeinsam mit zwei Gleichgesinnten machte ich mich auf den Weg nach Dänemark. Mein ganzer Reichtum bestand aus einem Seesack, ein paar Habseligkeiten und 120 DM. In einem Vorort von Kopenhagen brachen wir in eine Gartenlaube ein, schließlich brauchten wir einen Platz zum Schlafen. Am nächsten Morgen in einem Café merkte ich, daß ich fast mein ganzes Geld in der Nacht verloren hatte. Mit den restlichen paar Pfennigen kam ich nicht sehr weit. Meine Begleiter halfen mir, bis sie selbst blank waren.

Der Hunger trieb uns dazu, Schulmädchen um ihre Butterbrote anzubetteln und in den Müllcontainern einer Brotfabrik nach Eßbarem zu suchen. Gelegentlich gingen wir in eine christliche Teestube. Das ging mir zwar gegen den Strich, aber man bekam dort Tee und Schmalzbrote umsonst. Doch immer nur Butterbrote, das war auch nicht das Gelbe vom Ei. Wir schliefen auf der Straße, unter Brücken, in öffentlichen Toiletten, Gartenlauben, auf dem Bahnhof, in Schulgebäuden, Kellern und auf Dachböden.

Der Trip nach Kopenhagen endete, als die Polizei uns aufgriff. Weil wir kein Geld vorweisen konnten, mußten wir Dänemark innerhalb von vierundzwanzig Stunden verlassen. Ein Finne wurde mit uns ausgewiesen. Der gerissene Bursche konnte klauen wie ein Rabe. Damit brachte er uns ganz gut durch. Innerhalb von zwei Tagen gelangten wir per Autostop über Hamburg nach Hannover, das sich in Deutschland als Hippie-Stadt herausbildete. Tagsüber trafen sich die Gammler auf dem Georgsplatz, nachts schliefen wir in Schlafsäcken unter einer Brücke. Aber das konnte mich nicht abschrecken. Endlich war ich frei und lebte nach meinen eigenen Regeln.

Mein neues Zuhause wurden die Straßen Europas. Im Laufe der Zeit machte ich so meine Erfahrungen, was es hieß, »on the road« zu sein. Das Trampen war oft eine Katastrophe: Stunden stand ich mit erhobenem Daumen an Straßenrändern, ohne etwas zu essen, und schlief im Sommer und Winter in den Büschen auf den Seitenstreifen. Ungewaschen und unrasiert suchte ich in den Abfalleimern nach weggeworfenen Butterbroten der Fernfahrer. Bei meinem wilden Aussehen fuhren die Bürger in ihren dicken Limousinen selbstverständlich an mir vorbei. Ausweisungen wegen Landstreicherei gehörten zur Tagesordnung.

In Europas Hauptstädten bot sich überall das gleiche Bild, egal ob in Berlin, Rom, London, Paris, Amsterdam oder in Kopenhagen. So wie ich machten sich in dieser Zeit Tausende von Jugendlichen auf den Weg und trampten kreuz und quer durch die Länder. Wir bevölkerten Plätze und umlagerten Brunnen. Durch unser exotisches Aussehen provozierten wir die Spießer und wurden ihnen zu einem echten Ärgernis. Wir Gammler besaßen viele Ideale, aber kein Geld. Alles, was als anständig galt, warfen wir über den Haufen: Wir liefen barfuß, saßen auf den Bürgersteigen, aßen Fritten mit den Fingern, hielten im Freien Musiksessions mit Gitarren und Bongos ab, und die Mädchen rauchten öffentlich Zigaretten.

Eine Bewegung war geboren, wer sie gezeugt hatte, wußte niemand. Die, die in ihr lebten, verband die Auflehnung gegen alles Normale und die Freiheit, so zu sein, wie man war, die Sehnsucht nach Frieden und die Ablehnung jeder Art von Gewalt. Es war eine riesige internationale Familie, deren Sprachrohr die Musik war. Ihr Parfüm war der Rauch von Marihuana.

Der Traum wäre vollkommen gewesen, wäre nicht andauernd das Geld ausgegangen. Dieser Umstand und die winterliche Einsamkeit zwangen mich so manches Mal, nach Hause zurückzukehren.

Jedes Jahr wiederholte sich dasselbe auf der Gammler-Szene: Regelmäßig zur Weihnachtszeit reduzierte sich offensichtlich die Zahl der Tramper. Sie wurden sentimental und krochen heim an Mamas Herd. Um nicht zum Schluß einsam rumzuhängen, gab ich irgendwann auf und fuhr auch nach Hause. Resigniert mußte ich mir zudem eingestehen, daß es nicht das Schlechteste war, in den Wintermonaten ein Dach über den Kopf, regelmäßig etwas Warmes zu essen und ein Bett zu haben.

Meine Eltern schienen jedesmal heilfroh, wenn ich wieder auftauchte. Allerdings gestaltete sich unser Zusammenleben äußerst schwierig. Sie verstanden mich nicht, die Kluft zwischen uns wurde tiefer und tiefer.

So geschah es an einem Heiligabend, daß wir uns heftig stritten und ich schließlich wütend abhaute. Ich irrte durch die ausgestorbenen Straßen. Die Leute, die mir begegneten, waren entweder besoffen oder wirkten genauso deprimiert wie ich. Weihnachten war komisch, überaus trostlos.

Um mir ein paar Kröten zu verdienen, jobbte ich zwischen meinen Reisen in einer Metallwarenfirma für Sanitäranlagen. Bock zum Arbeiten verspürte ich nicht, aber ich ermutigte mich selbst, indem ich mir vornahm: »Das machst du nur, bis du ein paar Mark in der Tasche hast, und dann haust du wieder ab.« Denn schließlich: Messingrohre zersägen, Messingrohre waschen, Messingrohre löten, Messingrohre biegen, Messingrohre ausfräsen ... war ganz bestimmt nicht mein Ding und kaum besser als meine Lehrzeit. Aber immerhin stimmte die Kohle so einigermaßen.

In der Zwischenzeit veränderte sich die Szene in Iserlohn. Die Outlaws waren auf dem Weg zum Ruhm frühzeitig gescheitert und im Streit auseinandergegangen. Sie teilten das Schicksal vieler Bands. Häufig stieg ihnen bereits ein kleines bißchen Popularität zu Kopf, und als Konsequenz wurden die nicht so guten Musiker ausgesiebt.

Die Woche über trieb ich mich in einer Eisdiele, dem Napoli, 'rum. Dort herrschte eine gute Atmosphäre, und es gab eine Musikbox. Die Besitzerin, eine resolute Italienerin, war für uns Hippies wie eine Mutter und ihr Laden wie ein Zuhause. Man konnte hier stundenlang sitzen, selbst wenn man nur eine Cola trank. Dabei mußte man nur lange genug abwarten, irgendwen traf man immer irgendwann.

Überhaupt prägte dieses Warten, daß irgendwer, irgendwann kommt oder daß irgendwann irgend etwas geschieht, ungemein unser Leben. Es war wie eine permanente Bahnhofshalle ein scheinbar ewiges Warten, ohne zu wissen, worauf eigentlich.

London war schon lange mein Traum gewesen. So sparte ich mir ein bißchen Geld und fuhr los. London, die Hochburg der Hippies in Europa, hier gab es Hunderte von guten Musikgruppen, die keiner kannte, und fast ebenso viele, die weltbekannt waren. Hier konntest du mitten auf der Straße plötzlich den berühmtesten Musikern über den Weg laufen. Meine Vorliebe galt dem Londoner Marquee Club. Dort konnte man eine Menge der Spitzen-Bands nah erleben, Nice, Jethro Tull, Steamhammer. Die Londoner Szene begeisterte mich.

Tagsüber traf man sich am Trafalgar Square und am Piccadilly Circus. Hier rauchte fast jeder Haschisch. In diversen

Clubs und Pubs ging das Zeug rum. Obwohl ich seit dem Abend mit dem Clochard des öfteren Marihuana rauchte, kamen mir bei Haschisch einige Bedenken. Aber andererseits sahen die Leute, die es kifften, außergewöhnlich glücklich aus. Das kriegte ich nicht zusammen. So kam der Tag, an dem ich mich entschloß herauszufinden, was es mit dem »Shit« auf sich hatte und warum die Kiffer so »happy« aussahen.

Als einige Freunde und ich das erste Piece Haschisch kauften, machten wir uns vor Angst fast in die Hose. Das Illegale hatte seinen Reiz und seine Schrecken. Wir befürchteten, daß gleich die Polizei aus einem Hinterhalt auftauchen würde, um uns kurzerhand zu verhaften. Und dann ab mit uns in den Knast ... für einige Jahre. Doch es lief ganz locker, das Zeug mit in unseren Unterschlupf zu nehmen. Da wir keine Ahnung von der Dosierung hatten, ballerten wir uns die ganze Ladung an einem Abend rein, mit dem Ergebnis, daß ständig einer auf der Toilette hing und kotzte. Ansonsten lachten wir uns halb tot. Das Feeling war »irrsinnig riesig«, wer hätte das gedacht ...

Am nächsten Tag stellten wir einmütig fest, daß die Gesellschaft uns wieder einmal betrogen und belogen hatte, als sie behauptete: »Drogen machen süchtig, Rauschgift macht kaputt.« Es war fantastisch, Drogen zu nehmen, zumal wir im Gegensatz zu den üblichen Saufereien am nächsten Tag nicht mal einen dicken Kopf hatten. Umgehend besorgten wir uns das nächste Haschisch.

Von da an kiffte ich, so oft es ging. Alles was auf dem Markt angeboten wurde, zog ich mir 'rein. Auf Plätzen und in Kneipen 'rumzuhängen und mit allen möglichen Leuten auf Haschisch abzudröhnen, gehörte als neuer Höhepunkt zu meinem Leben.

Die britische Hauptstadt wurde von nun an mein auserkorenes Ziel. Ich lebte zeitweise in London, stolz, den großen Schritt über den Kanal geschafft zu haben.

Aus Geldmangel konnte es passieren, daß ich in verschiedenen leerstehenden Gebäuden schlafen mußte. In einem ehemaligen Krankenhaus wurde ich eines Morgens von einem fürchterlichen Getöse geweckt. Im Stockwerk über mir schlug ein riesiger Kran mit einer Eisenkugel die Wände ein. Sie waren dabei, eine Etage nach der anderen abzureißen, und ich wäre fast umgekommen. Eine andere Nacht verbrachte ich im niedrigen Keller einer Bauruine. Da ich nicht merkte, wie einige Freaks Feuer machten, sah ich am nächsten Tag aus wie ein Schwein total schwarz. Eine weitere Unterkunft bot mir eine alte Fabrik an der Themse. Von dort aus beobachtete ich, wie sich einer das Leben nahm. Den Tag über stand er da, starrte ins Wasser und sprang bei Anbruch der Dunkelheit in den Fluß.

Auch fürs Essen reichte mein Geld nicht immer. Gelegentlich ging ich abends zur Heilsarmee, die die Nacht über mit einem großen Wagen an der Charing Cross-Station standen. Dort gab es Tee und Kuchen umsonst.

Bei der Einreise nach England bekam man lediglich für einen Monat eine Aufenthaltsgenehmigung. Es gestaltete sich schwierig, das Visum zu verlängern, da man hierfür einige hundert Mark vorzeigen mußte. Welcher Freak besaß schon soviel Knete? Gelegentlich wurde dasselbe Geld an verschiedene Personen zum Vorzeigen ausgeliehen. Doch dieses Glück hatte man nicht immer. So befanden mein bester Freund Benno und ich uns wieder mal in der Lage, nach Hause trampen zu müssen.

Mit Ach und Krach kamen wir bis nach Lüttich. Müde und verdreckt kauften wir von unserem letzten Geld eine Zugfahrkarte nach Aachen. An der Grenze kam die Polizei in den Zug und verhaftete uns, weil wir unter einundzwanzig und damit noch nicht volljährig waren.

Sie nahmen uns vom Fleck weg mit und steckten uns in den Knast. Wir mußten unsere Klamotten ausziehen und wurden statt dessen in weiße Overalls gesteckt. Dafür bekamen wir aber glücklicherweise etwas Warmes zu essen. Es gab Fritten! Dann kam der Hammer: Sie sagten uns, daß uns unsere Eltern abholen müßten. Ich wußte sofort: Das macht mein Vater nie. Abgesehen davon würde er einen Herzinfakt bekommen, wenn er hören würde, daß sein Sohn nun auch noch im Gefängnis steckte. Wenn er mich hier gesehen hätte in meinem weißen Overall ... Die ganze Situation empfanden wir als Witz, nur war uns nicht zum Lachen zumute.

Am nächsten Tag saßen wir mit zweihundert Jugendlichen beim Essen. Der Leiter dieser Essensversorgung ordnete an, daß alle zum Gebet aufstehen mußten. Das war der Gipfel und traf mich an meiner allergischsten Stelle: »Jetzt hakt es aber aus! Ich stehe nicht auf.« Ein Blick zu Benno, und ich wußte sicher, wir würden nicht aufstehen, komme, was wolle. Daraufhin setzte der Leiter den Druckhebel an: »Hier kriegt keiner was zu essen, wenn nicht jeder steht.«

Etliche Blicke trafen uns wie Messerstiche. Ruckzuck standen wir auf. Es widerte mich zutiefst an, mich diesem frommen Zwang beugen zu müssen. »Willst du nicht mein Bruder sein, so hau ich dir den Schädel ein ...« Zwei Tage saßen wir im Knast fest, als uns die Nachricht erreichte, daß uns Bennos Vater abholen würde. Von meinem Vater kam keine Reaktion.

Als Bennos Alter vorgefahren kam, würdigte er mich keines Blickes, denn er machte mich dafür verantwortlich, daß sein Sohn so tief gesunken war. Er betrachtete mich als den »großen Verderber«. Mit ein paar kurzen Bemerkungen drohte er, Benno an die Luft zu setzen. Außerdem hätte ich zu Hause ebenso einiges an Theater zu erwarten.

Für unsere Eltern war es entsetzlich peinlich, denn die Polizei erschien am hellichten Tag. Wie ein Lauffeuer sprach es sich in der Nachbarschaft herum, daß etwas mit den Söhnen nicht stimmte. Doch wie immer nahm mich mein Vater gnädig auf, während Benno auf der Straße hing. Eine Zeitlang konnte er sogar bei mir zu Hause mitwohnen. Später mietete er sich eine Wohnung in einem Vorort von Iserlohn.

Auch in Italien schaffte ich es, in den Knast zu wandern.

Ein anderer Deutscher und ich weilten kaum vierundzwanzig Stunden in Rom und wollten uns gerade den Piazza Navona anschauen. Hier traf sich die internationale Szene. Plötzlich wurde der Platz von vier Seiten von Polizisten abgeriegelt und umzingelt. Blitzschnell trieben sie alles, was nach Hippie aussah, in ihre Einsatzwagen und nahmen uns mit. Da saßen wir nun mit zwanzig Mann in einer Zelle, die höchstens vier mal vier Meter groß war, und kamen für die nächsten vierundzwanzig Stunden nicht raus.

Langsam kriegten wir mit, daß man uns hier unter Mordverdacht festhielt. Am Abend zuvor war jemand umgebracht worden. In endlosen Verhören wurden wir vernommen. Offensichtlich bekamen die Beamten die Eintragungen in unseren Reisepässen nicht auf die Reihe. So hieß mein Begleiter »Signore Wuppertal« und ich »Signore Iserlohn«. Sie setzten dem Ganzen die Krone auf, als sie die Deutschen und die Schweizer nach Österreich und die Österreicher in die Schweiz auswiesen.

Ummagumma . . .

Bei meinen Eltern vollzog sich ein Wandel. Immer öfter bekam mein Vater Besuch von Mormonen. Auf mich wirkten diese Leute außerordentlich abschreckend: Anzug, weißes Hemd, Schlips, kurze Haare. Wie sie schon aussahen! Der Inbegriff des Spießertums! Ich mochte sie nicht, obwohl sie sich außerordentlich freundlich gaben. Aber ich machte mir ihretwegen keine großen Gedanken. »Dein Vater hat eben eine religiöse Ader, irgend etwas Frommes braucht er zum Leben. Nun sind es halt die Mormonen.« Mit dem evangelischen Gemeinde-Klüngel hatte er scheinbar gebrochen.

Inzwischen hatte ich meinen Füherschein gemacht. Bei der ersten Prüfung fiel ich wegen zu schnellem Fahren durch. Bei der zweiten erwischte ich einen drolligen Fahrprüfer. Als ich in den Wagen einstieg, musterte er mich verächtlich von oben bis unten: »Guten Morgen Frau Heidenreich!« Ich erwiderte: »Ich bin Herr Heidenreich.« Daraufhin schrie er: »Ich fahr doch keinen Beatclub durch die Gegend!« So motzte er in einem fort wegen meiner langen Haare. Völlig verdattert fuhr ich los und würgte den Wagen nach zwanzig Metern mitten auf einer Kreuzung ab. Der Prüfer brüllte: »Rechts fahren!« Ich fuhr rechts. »Parklücke!« Ich fuhr in die Parklüke und rammte dabei einen Ascheneimer. Vor der Fahrschule meinte er, ich solle aussteigen und mir den Führerschein um halb zwölf abholen. Scheinbar war der Typ doch ganz in Ordnung oder, wie einige später behaupteten, leicht angetrunken.

Zu meinem Glück fehlte mir nur noch das Auto. Meinen ersten Wagen zahlte mir mein Vater. Eine richtige Rennkiste: ein Opel 1700. Beim Kauf übersah ich in meinem Eifer jedoch, daß er zum TÜV mußte und keine Chancen hatte durchzukommen. Das einzig Gute an dem Karren war der Motor. Innerhalb von sechs Monaten setzte ich 2000 DM und einige Reparaturkosten in den Sand. Mein armer gebeutelter Vater: sein einziger Sohn, ein Chaot.

Der Treffpunkt in Iserlohn verlagerte sich vom Napoli in ein Edelcafe. Früher trafen sich die Reichen unter den Kristalleuchtern, erstaunlicherweise tummelten sich nun die Hippies hier. Anfangs zeigte der Laden ausgesprochen konservative Züge, aber mit der Zeit nahmen wir ihn ein.

Ich rauchte jetzt regelmäßig Haschisch. Es machte mich recht friedlich und nahezu selig, nichts konnte mir etwas anhaben. Dabei ignorierte ich, daß ich inzwischen, nach monatelangem intensiven Konsum, ohne das Zeug nicht mehr leben konnte und es sich negativ auf meine seelische Verfassung auswirkte. Bekifft fühlte ich mich oft schwermütig und depressiv. Von Zeit zu Zeit überfiel mich ein Rappel, und ich trank mich bis oben hin mit Alkohol voll. Sturzbetrunken reagierte ich wieder aggressiv und angriffslustig.

Mittlerweile war ich voll in die Dealerei mit Haschisch eingestiegen, da ich sehr schnell schnallte, daß man damit ganz gut Geld machen konnte. Am Wochenende fuhr ich meistens zum »Einkaufen« nach Amsterdam.

Eines Tages munkelte man, es gäbe eine neue Droge, die sei »spitze«. LSD! So fuhr ich nach Amsterdam ins Paradiso, eine ehemalige Kirche, die man zu einem riesigen Jugendzentrum umgebaut hatte. Das Paradiso galt als die Topadresse für jeden, der in Sachen Drogen unterwegs war. Was ich an diesem Abend erlebte, veränderte mein Leben. Ich kaufte mir einen Trip, das Stück für fünfundzwanzig Mark, und warf ihn ein. LSD glich einer Explosion in der Seele und im Kopf. Es erfaßte den ganzen Körper, Halluzinationen, Erscheinungen, eine total andere Welt. So etwas hatte ich noch nie erlebt und ließ sich mit Haschisch überhaupt nicht vergleichen. Deep Purple trat auf, und ich flippte komplett aus. Wahnsinn, dieser Sound! Völlig von der Rolle, fuhr ich am nächsten Tag nach Hause, mir fehlten etliche Stunden. LSD war sein Geld wert. Von da ab kiffte ich die Woche über und am Wochenende dröhnte ich voll auf Acid ab. Ich hatte eine neue Lebensmitte gefunden.

In den USA setzte das Woodstock Festival einen Meilenstein in der Geschichte der Hippie-Kultur. Der Geist von Woodstock schwappte über den großen Teich bis nach Europa ... und auch nach Deutschland. Die Zeit der großen Happenings überflutete das Land. Wie viele pilgerte ich von Musikfestival zu Musikfestival. Von überallher strömten Tausende zusammen, um riesige Drogenparties zu feiern. Die größten Hallen und Stadien Deutschlands waren gerade groß genug, um uns alle zu fassen. In Parks bevölkerten wir Wiesen, bauten unsere Zelte auf, übernachteten in unseren Schlafsäcken, teilten unser Essen, unsere Joints, unsere Trips, tanzten, sangen und liebten uns – ein buntes Bild kurioser Typen. Ein riesiger Rausch. Dirigiert wurden diese Meetings von den Rockgrößen auf den Bühnen.

Es blieb kein Geheimnis, daß viele Rockgruppen die Inspiration für ihre Musik unter großzügigem Drogenkonsum bekamen. Sie vermochten das, was wir fühlten, in Klänge umzusetzen, und sangen, was wir dachten. Wir waren uns einig: Wir gingen einer neuen Ära entgegen, wollten in eine neue Dimension eindringen. Wir ahnten, daß das wahre Leben im Unsichtbaren und nicht im Sichtbaren zu finden war. Und die Droge öffnete uns die Tür dorthin, weil sie das Bewußtsein erweitern konnte. Es schien wie ein neues Zeitalter, und wir fungierten als Propheten.

LSD brachte auch mich dazu anzunehmen, daß es da eine verborgene Welt gab. In sie wollte ich eindringen. Das Übernatürliche interessierte mich, und ich öffnete mich für seine Kräfte.

Jedes Wochenende war bei Benno eine Fete angesagt. Seine Wohnung richteten wir dafür nach und nach »drogengerecht« ein. Matratzen, Lichtanlage, diverse Poster, Plattenspieler und eine Unmenge von LPs bildeten die Standardausrüstung für unsere Trip-Feten. LSD glich einem Spielzeug, das es zu entdecken galt. Die Halluzinationen regten uns zu endlosen Spielchen miteinander an. Wir lachten uns fast tot, wenn die Bilder an den Wänden zerflossen, man den anderen zweimal sah, seine Mimik einmal lachte und bald darauf weinte, er sich im nächsten Augenblick als Micky Maus entpuppte und Bewegungen sich im Zeitraffertempo abspielten. Wir warfen uns imaginäre Gegenstände zu und versuchten, uns ohne Worte miteinander zu verständigen. Die Musik hörten wir wie in einem weiten Raum, jeder Ton entlockte der Phantasie neue Assoziationen, und die einzelnen Klänge trugen uns in weite Sphären.

Diese Erfahrungen, diese Kraft, dieser Durchblick und das, was in einem und um einen herum so ablief, gab Macht, andere Leute zu beeinflussen. Es schien wie Gedankenübertragung. Andere taten, was ich wollte. Diese Spiele übten einen ungeheuren Reiz auf mich aus. Ich wurde ein Eiferer für LSD und ein Missionar für Drogen. Logischerweise auch, weil ich sie verkaufte.

Es war nicht nur die Zeit der großen Festivals, sondern auch der großen Demonstrationen. Selbst wenn viele auf ihre Fahne schrieben: »Make love, not war«, ging es den meisten nicht um den Frieden in der Welt, sondern um ein riesiges Happening. Ein wilder Ausbruch von diffusen Gefühlen richtete sich gegen jede Art von gesellschaftlicher Ordnung. In London demonstrierten wir gegen den Vietnamkrieg und Präsident Johnson. Molotow-Cocktails flogen, Polizisten wurden mit Steinen beschmissen. Tausende lieferten sich eine riesige Schlacht.

Auch in Deutschland demonstrierten Freaks und Studenten gegen den Krieg in Vietnam, die Springer-Presse, den Deutschlandbesuch des Schahs, Atomwaffen und Rassendiskriminierung in Südafrika – und ich befand mich mitten drin. Radikale und treibende Kraft war die sogenannte APO.

Ho-Chi Minh und Che Guevara galten als die auserkorenen Idole, das kleine rote Buch Mao Tse-tungs als die Jugendbibel.

Allerdings überzeugte mich der Kommunismus nicht besonders, denn in Iserlohn kannte ich eine Maoistenkommune, die in der Praxis radikalere Egoisten als Maoisten verkörperten. Das brachte mich zu der Überzeugung, daß sie erst sich selbst verändern müßten, bevor sie die Welt verbessern würden.

Meine Eltern, davon war ich überzeugt, merkten von dem, was ich so trieb, nichts. Zu Hause gaben sich die Mormonen gegenseitig die Klinke in die Hand. Ansonsten blieb alles beim Alten. Wenn ich es dort nicht aushielt, packte ich meine Sachen und zog zu Benno. Dafür gab ich ihm die halbe Miete.

Mittlerweile ließ ich mir nach dem Vorbild der Beatles einen Vollbart wachsen, und meine Haare wurden ebenfalls länger. Die Firma, bei der ich jobbte, schluckte alles. Hauptsache, ich bog meine Rohre. Der alte Chef mochte mich gut leiden. So geschah es, nachdem ich mehrere Monate unentschuldigt fehlte, daß der Juniorchef mir im oberen Stockwerk wütend meine Papiere aushändigte und der Seniorchef mich auf der unteren Etage gnädig wieder einstellte. Er wußte, wenn ich arbeitete, arbeitete ich richtig.

Das gelegentliche Jobben hielt ich zur »Tarnung« bei, denn das eigentliche Geld machte ich, indem ich dicker ins Drogengeschäft einstieg. So konnte ich mir einiges leisten, teure Klamotten, die ich fast nur in London und Amsterdam einkaufte, und ein neues Auto. Meine LP-Sammlung umfaßte inzwischen Hunderte von Platten. Durch die Dealerei saß mir permanent die Angst im Nacken, von der Polizei geschnappt zu werden. Je näher man an den Drogen war, desto ferner mußte man sich von der Polizei halten.

Bei einem Deal in Dortmund hätten sie mich beinahe geschnappt. Ich saß in meinem Auto, draußen war es stockdunkel. Um beim Abwiegen der Drogen besser sehen zu können, hielt ich die Waage mit dem Stoff in die Höhe, als ich plötzlich von der Scheinwerferlampe eines Polizisten angestrahlt wurde. »Kann ich mal Ihre Papiere sehen?« Hastig ließ ich alles fallen und trat es unter den Sitz, während ich ihm meinen Führerschein zeigte. Der Polizist merkte nichts. Ein anderes Mal mußte ich die Flucht ergreifen, als ich in Dortmund im Hinterhof des Fantasio Haschisch verkaufte und die Polizei auftauchte. Ein ganzes Kilo lag schön ausgebreitet auf dem Boden meines VW-Busses. Ich geriet in Panik und ergriff die Flucht.

Offensichtlich besaß ich mehr Glück als Verstand. Selbst als in Iserlohn eine riesige Verhaftungswelle einsetzte, kam ich unbehelligt davon, obwohl ich einer der Hauptdealer war. Die Polizei verhaftete einen meiner Freunde, der ziemlich dick mit mir im Drogengeschäft steckte. Leichtsinnigerweise hatte er einer Bardame, die keinerlei Drogenerfahrung besaß, LSD verkauft. Sie nahm das Zeug, kippte vierzig Whisky hinterher und wäre in der Nacht fast »hopps gegangen«. Die Sache wurde bekannt, und daraufhin kam es zu einer Massenverhaftung. Vierzig bis fünfzig Freaks sprachen sich untereinander ab und tischten das gleiche Märchen auf: Mit Drogen hätten sie nichts am Hut . . . Ach ja, in Essen bei dem Festival, na ja, da hätten sie mal Drogen probiert, . . . ja und die Drogenhändler damals, das seien Düsseldorfer gewesen. Ich wartete die ganze Nacht darauf, daß sie auch mich abholen würden. »Wie schrecklich«, malte ich mir aus, das würde meinem Vater das Herz brechen. Sein Sohn handelte mit Rauschgift, von der Polizei verhaftet. Doch sie kamen nicht. Die anderen wurden zu Geldstrafen verurteilt. Ich ging ohne Strafe aus.

Dieses unverschämte Glück machte mich überheblich, und ich wurde zusehens stolzer und arroganter. Ich stand über den Dingen und fühlte mich zu Höherem berufen. Was das war, davon hatte ich allerdings keine Ahnung, und worauf ich mir was einbildete, wußte ich nicht.

Ich verlor jeden Bezug zur normalen Umwelt und baute mir die wildesten Philosophien auf. Tiefes Bedauern hegte ich für die armen Bürger, die Spießer, diese armseligen Gestalten, deren Leben wie Sand in der Eieruhr zerrann. Ihr höchster Gewinn schien ein Mittelklasse-Urlaub auf der Putzfrauen-Insel Mallorca zu sein.

Viele Leute um mich herum kamen komisch drauf. Es geschahen die grauenhaftesten Dinge. Ein Siebzehnjähriger kam eines Abends in unsere Kneipe, nahm dort seinen ersten LSD-Trip, und als er das Lokal einige Stunden später verließ, war er für sein restliches Leben verrückt geworden. Ein Mädchen schnitt sich auf Droge die Pulsadern auf und schrieb mit Blut an die Scheiben der Schaufenster: »Ich bin Pippi Langstrumpf.« Danach wollte sie sich von einem Dach in die Tiefe stürzen. Leute wurden zu richtigen Wirrköpfen und kamen sexuell pervers drauf.

Doch in meiner selbstgefälligen Überheblichkeit war ich felsenfest davon überzeugt, daß mir sowas nie passieren würde. Ich hatte alles im Griff und eine starke Persönlichkeit. So etwas passierte nur Leuten mit labilem Charakter, die mit sich selbst nicht klarkamen oder aus kaputten Familien stammten.

Auch die Drogenparties änderten sich. Die Spiele wurden massiver. Durch Gedankenübertragung andere zu beeinflussen und ihnen den eigenen Willen aufzuzwingen, wurde von Mal zu Mal faszinierender. Es passierte häufiger, daß jemand während eines LSD-Trips über mich Kontrolle nehmen wollte und ich meine ganze Konzentration zusammenreißen mußte, um dieser Kraft, die mich zerbrechen wollte, zu widerstehen. Einmal probierte es ein Mädchen bei mir, doch ich bezwang sie. Daraufhin stürzte sie schreiend zu Boden und blieb dort wie ein Häufchen Elend liegen. Von da an wurde sie ziemlich wirr. Dasselbe passierte mir mit einem jungen Mann, der anschließend versuchte, sich das Leben zu nehmen.

Andere klinkten religiös aus. Scharenweise zogen die Hippies nach Indien auf der Suche nach dem großen Nirwana. Sie suchten ihren Frieden in Yoga und Selbstversenkung. Es wurde »in«, Götzen und Gurus anzubeten. Im Rauch von Räucherstäbchen, voll auf Drogen, zelebrierte man meditative Sitzungen, saß im Lotossitz, wippte mit Haaren und Körper hin und her und öffnete sich für spirituelle Dinge. Man kleidete sich zunehmend indisch und behängte sich an Armen, Hals und wo sonst Platz war, mit Schmuck.

Botschafter dieser neuen Religiosität waren Musikgruppen. Selbst die Beatles reisten nach Indien, um dort ihren persönlichen Guru zu konsultieren. Ihre Musik triefte nun von Sitarklängen und fernöstlichen Einflüssen. Bei einem Konzert der indischen Rockband Quintessence erlebte ich, wie sie innerhalb kürzester Zeit 800 Leute in die Anbetung zu Hare Krishna führten. Auch mich touchte diese religiöse Welle, das Flair von geheimnisvoller Mystik, an.

Andere Musiker bekundeten öffentlich ihre Symphatien für den Teufel. Während Mick Jagger in Altamont oben auf der Bühne singend zu »Sympathy for the Devil« tanzte, wurde zu seinen Füßen ein junger Farbiger von den »Hells Angels« niedergestochen. So wie wir versuchten, auf Droge einander Botschaften zu vermitteln, benutzten die Musiker die Musik, um das Publikum mit in ihre Drogenerfahrungen zu nehmen und damit zu beeinflussen. Jimi Hendrix verkündete: »Wenn man die Leute an ihrem schwächsten Punkt erwischt hat, kann man in ihr Unterbewußtsein alles predigen, was man will . . .« Ein Musiker von den Doors meinte: »Die Hölle scheint mir viel faszinierender und attraktiver zu sein als der Himmel. Man muß zur anderen Seite durchstoßen, um alles zu erreichen.«

Ich liebte die Musik von Black Sabbath, Pink Floyd, King Crimson, Spooky Tooth, Cream, Led Zeppelin . . . und natürlich von den »Altmeistern«, den Rolling Stones. Die Texte warben für Sexualität, Anarchie, Gewalt, Drogen, östlicher Religion, Okkultimus und Tod. Die Musik war Drogenmusik; nur auf Droge konnte man sie verstehen. Auf den großen Rockfestivals flippten die Leute reihenweise aus. Es gab Tote und Verletzte. Doch unvermindert beteten wir unsere Rockidole an und merkten kaum, daß wir uns in einer Einbahnstraße mit unbekanntem Ziel befanden, in der es immer trostloser und kälter wurde. Um ein bißchen Wärme zu erhaschen, rückten die Freaks enger zusammen und gründeten Hippie und Drogenkommunen.

Egal wie »in« die Szenen-Mekkas schienen, auf die Dauer war alles unbefriedigend und öde. Es blieb ständig das Gleiche. Das Gefühl von Leere steckte mir wie eine hartnäckige Laus im Pelz. Je brutaler ich mich auslebte, desto größer wurde das Vakuum in mir. Pausenlos fieberte ich nach »irgendwas«. Rastlos fuhr ich stundenlang durch die Straßen und suchte etwas, ohne zu wissen, was ich suchte. Ob ich in München im Café Europa saß oder in Düsseldorf im Cream Cheese, im Londoner Marquee Club, im Amsterdamer Paradiso oder in Dortmund im Oma Plüsch 'rumhing, es änderte nichts.

Einmal kam ich mitten in der Nacht voll bedröhnt in Hamburg aus dem Grünspan, einer Underground-Discothek, als ich unvermittelt in eine Gruppe der Heilsarmee hineinrannte. Da standen sie und sangen: »Welch ein Freund ist unser Jesus.« Mich ergriff die Panik, und ich rannte, bis ich nicht mehr konnte. Ich fühlte mich leer. Empty. Aber lieber leer als fromm! Mit meinen zwanzig Jahren kam ich mir vor wie sechzig. Was konnte noch kommen?

Speed King . . .

In dieser Zeit sehnte ich mich oft danach, die Traumfrau zu finden. Doch sobald solche Wünsche aufkamen, wischte ich sie weg – denn war es nicht eine Illusion, an Liebe zu glauben?

Die Sache mit den Mädchen, das hatte ich beschlossen, durfte man nicht zu weit an sich herankommen lassen. Man mußte cool bleiben und durfte nicht zu viele Gefühle investieren, denn das bedeutete Frust. Ich wollte mich nicht binden und durch Verpflichtungen einengen lassen. Dementsprechend waren meine Beziehungen zu Mädchen: genießen ohne Zugeständnisse. Die Parole lautete: Wer zweimal mit der gleichen pennt, gehört schon zum Establishment.

Dann sah ich »sie«. Eigentlich kannte ich sie von früher. Damals mußte sie auf dem Heimweg von der Schule an unserer Firma vorbei. Dabei lernte Benno sie kennen, und von da an sah man die beiden öfter zusammen. Für meinen Geschmack war sie zu jung, aber Benno besaß eine Vorliebe für Teenager-Mädchen. Mich regte es auf, daß er andauernd mit seinem Kindergarten ankommen mußte. Konnte er sich nicht eine richtige Frau suchen?

Nun stand sie plötzlich in der Kneipe, in der wir uns trafen, bei Café Hübner. Sie hatte echt Ausstrahlung, eine gute Figur, schöne Augen, schwarze Haare, eine richtige Krause, wie Marsha Hunt und kleidete sich szenenmäßig. Ich betrachtete sie lange und sehr genau. Doch als ich merkte, was da in mir abging, holte ich mich selbst schnell auf den Teppich zurück. Ich hielt mir nüchtern vor Augen: »Was soll's? Sie ist noch nicht alt genug. Mit so jungem Gemüse gebe ich mich nicht ab.«

Eines Abends, wir wollten nach Dortmund, fragte mich

Benno, ob ich etwas dagegen hätte, wenn sie mitkäme. Nun, was sollte ich dagegen haben, fügte – aber vorsichtshalber hinzu: »Aber nur, wenn sie nicht um zehn Uhr zu Hause sein muß.« Doch das mußte sie nicht. Auf dem Heimweg wollte ich ganz besonders nett zu ihr sein und fuhr sie nach Hause. Sie hieß Irene.

Von da an sah ich sie öfters bei Hübner, und somit blieb sie in meinem Blickfeld. Einmal saßen wir zusammen in einem Freak-Café, als dort eine Handvoll Rocker auftauchte. Sie schossen wild mit ihren Gaspistolen umher. Die Atmosphäre entwickelte sich höchst bedrohlich, und mich durchzuckte nur ein Gedanke: »Raus hier, raus hier. Sie muß hier raus ...« Was war denn das? Plötzlich entdeckte ich in mir so einen eigenartigen Beschützerinstinkt für Irene. Schnell versuchte ich, die aufkommenden Gefühle für sie abzublocken. Es gelang mir aber nicht sonderlich gut.

Seit längerer Zeit träumten Benno und ich den Traum vom großen Geld. Wir wollten Kohle machen und damit gut leben. So kauften wir uns einen VW-Bus, einen ehemaligen Krankenwagen und bepinselten ihn rundherum. Vorne wurde eine Art Medusa-Bild aufgeklebt, auf die Seiten schrieben wir »Speed Queen«. Wir wollten mit dem Bus nach Marrokko fahren, um ein paar Kilo Haschisch einzukaufen. Unsere Kalkulation sah so aus, das Zeug gut zu strecken und es in Deutschland gewinnbringend zu verscheuern. Die Rechnung motivierte uns enorm, zumal wir unsere Pläne hatten, wie wir das Geld anlegen würden. Ich wollte nach Kalifornien oder Indien gehen.

Doch jetzt geriet meine ursprüngliche Planung erheblich ins Wanken: Da gab es Irene. Fieberhaft überlegte ich, ob sie wohl für mich genauso empfand wie ich für sie. Im allgemeinen hatten die Mädchen kein sehr gutes Bild von mir. Ich war mit Vorsicht zu genießen. Um Klarheit zu bekommen, schickte ich Benno zu ihr, er sollte mal ganz unauffällig erkunden, wie denn wohl die Aktien ständen. Sie merkte es natürlich sofort und ließ ihn auflaufen. Doch Benno, auch nicht dumm, teilte mir grinsend mit: »Ich glaube, du hast nicht die schlechtesten Chancen, bei ihr anzukommen.«

Doch was sollte ich jetzt mit einem Mädchen, ich wollte nach Marokko. Aber ob ich es wahr haben wollte oder nicht: Ich hatte mich unsterblich in sie verliebt.

Auf einer Drogenfete unterhielten wir uns die ganze Nacht hindurch. Dabei sprang der Funke endgültig über, und wir »gingen« zusammen. Es war wunderschön und anders als mit allen anderen Frauen. Ich verstand mich selbst nicht. Wir lebten wie auf Wolken, und für einige wenige Tage galten wir als das Pärchen Nummer Eins.

Doch unser gemeinsames Glück währte nicht lange, denn Marokko war nicht aus der Welt. Ob ich wollte oder nicht, ich konnte meinen Reisegenossen nicht hängenlassen. Hin- und hergerissen, entschied ich mich zu guter Letzt gegen meine Gefühle.

Unsere Motivation reichte nur bis Spanien, sie versandete am weißen Strand, verglühte in der südlichen Sonne und wurde von dem blauen Meer endgültig weggespült. Wir hauten unser Geld auf den Kopf und machten uns auf den Heimweg.

In München trafen wir Leute aus Iserlohn, die genau wie wir mit einem VW-Bus unterwegs waren. Dieses Wiedersehen mußte gefeiert werden. Wir stellten unsere Busse in die Leopoldstraße und hängten eine leere Gasmaskenschachtel raus mit der Aufschrift: »Shitproben gesucht«. Da sich die Szene hier traf, blieb die Schachtel nicht leer. Ab und zu warf jemand roten Libanon, grünen Türken oder schwarzen Afghanen rein. Wir zogen einen Joint nach dem anderen durch. »Oh Mann, ist das alles kaputt«, ging es mir durch den Kopf.

Am darauffolgenden Abend traf ich in einer Discothek jemanden aus Iserlohn. Ich war ziemlich depressiv drauf, am liebsten wäre ich zu Hause gewesen. Alle meine Gedanken kreisten um Irene.

Doch Pit erzählte mir eine Story, die mich jäh aus meiner Lethargie riß. In der Zwischenzeit würden in Iserlohn höchst seltsame Sachen ablaufen: »Das ist so verrückt. Ich mußte erstmal wegfahren, um es zu verarbeiten.«

»Was ist denn passiert?« wollte ich wissen. »Unsere ganze Szene ist ausgeklinkt.« Ausgeklinkt – das haute mich nicht sonderlich vom Hocker. Das konnte passieren, wenn man Drogen nahm. Doch Pit meinte offensichtlich ernsthaft besorgt: »Nee, nee, das ist viel ausgeflippter als alles, was wir bisher erlebt haben. Die lesen in der Bibel, reden über Gott und Jesus und behaupten, sie seien jetzt vollkommen. Ein Typ rennt mit einer schwarzen Lederjacke 'rum, auf die er gepinselt hat: Ich bin Gott.« Im ersten Augenblick dachte ich, ich höre nicht richtig, der will mich verscheißern. »Das kann doch nicht wahr sein! Sie lesen in der Bibel ...?« Hätte er behauptet, sie schliefen wie die Fakire nackt auf einem Nagelbrett: okay! Aber sie lasen in der Bibel und redeten über den christlichen Gott! Das schien mir wirklich das »Danebenste«, was ich mir vorstellen konnte.

Ich war ehrlich erschüttert, schließlich zählten die Leute, über die er da sprach, zu meinen besten Freunden, mit denen ich mich tagtäglich traf. Sie spielten in einer Rockgruppe mit dem Namen Tarras Bulba, genannt nach einem asiatischen Freiheitskämpfer, und wohnten als Kommune in einem kleinen Knusperhäuschen an der Müllkippe. An sich fand ich sie ganz in Ordnung. Wir lagen auf einer Linie und liebten das Leben ... Und nun sah ich all das dahinschwinden, was uns verband. Ich sah sie bereits als Hauptfiguren in einem frommen Drama posieren, das sich aus Szenen meiner Vergangenheit zusammensetzte.

Mich beschlich ein eigenartiges Gefühl in der Magengegend. »Wenn das wahr ist«, ging es mir durch den Kopf, »muß ich schleunigst nach Hause, um sie zu retten. Ich muß sie schnellstens von diesem Irrweg abbringen.« Mich überkam ein wahrer »Rettersinn«.

Als ich nach Hause kam, führte mein erster Weg selbstverständlich zu Irene. Zwischen uns hatte sich nichts geändert, und ihr Anblick ließ mein Herz höher schlagen.

Auf meine Frage hin, ob es stimmte, daß meine Freunde in der Bibel lasen, antwortete sie leicht sarkastisch: »Ja, leider. Sie sind komisch religiös drauf. Wahrscheinlich auf einem Trip hängengeblieben.« Ein anderer bestätigte das Gerücht, indem er meinte: »Jedem Tierchen sein Plaisirchen ... Was soll's?«

Mir ließ die Sache keine Ruhe, ich mußte es aus erster Quelle hören. So machte ich mich auf den Weg zu Hübner. Schon auf der Straße begegnete mir Manuel. Welch ein Anblick: Er trug eine lange dunkelblaue Kutte, ein dickes Kreuz auf der Brust und eine riesige Bibel unter dem Arm. Glücklicherweise wallten seine langen blonden Haare noch.

»Walter, wir haben es gepackt«, begrüßte er mich völlig euphorisch. Ich sah ihn an und dachte nur eins: »Mensch, hast du ein Rad ab.« Doch scheinbar betrachtete er mich als potentielle Beute und bearbeitete mich, was das Zeug hielt. Es kamen noch andere dazu, und gemeinsam blubberten sie mir die Ohren voll: Gott – Jesus als Supertrip ... und daß man ohne Drogen in die Transzendenz kommt und übersinnliche Dinge erleben kann.

Während wir uns in ihrer Kommune anturnten, wurden Irene und ich von ihnen weiter bearbeitet. Wir diskutierten Tag und Nacht und führten gewaltige Wortgefechte. Zum Schluß hingen wir völlig erschöpft in den Seilen.

Ich glaubte an Mohammed, Buddha und Konfuzius. Ich glaubte an Gott in mir, an mich selbst, an alles und jedes, es gab nichts Absolutes, alles in jedem und jeder in allem ... der Aschenbecher in mir, ich im Aschenbecher und Gott in dem Aschenbecher und ich in Gott, eine Art Religion, ein Versuch, meine Leere durch ein größeres Ganzes auszufüllen. Alles paßte in meine Religion rein, nur das Christentum war kein Thema für mich.

Was war bloß passiert? Welcher Pfaffe hatte ihnen in der

Zwischenzeit das Gehirn verdreht? Die Story begann mit Gerhard.

Da es üblich war, in den verschiedensten Büchern zu forschen, in denen man etwas über Parapsychologie, Zauberei und Transzendenz vermutete, kam ihm in den Sinn, daß schon Jesus übernatürliche Dinge tat. So nahm er die Bibel zur Hand und las, daß Jesus Wasser in Wein verwandelte, Tote auferweckte, Kranke heilte, übers Wasser ging und viele andere Wunder tat. Das faszinierte ihn. So brachte Gerhard die Bibel mit auf die Szene, die für Neues immer offen war, und plädierte dafür, sich mit ihr zu beschäftigen. Das schlug ein wie eine Bombe. Die Erkenntnis, daß Jesus das ohne Drogen tat, revolutionierte ihr Weltbild. Dieser Jesus schien ein guter Magier gewesen zu sein, dem die Elemente gehorchten. Nur leider, wie alle guten Leute und Revolutionäre mußte er viel zu früh sterben ... Ab da forschten sie in der Bibel auf den Spuren von Jesus, dem Magier.

Ich hörte mir die Story an und seufzte: »Ich krieg's in'ne Birne.« In meinen schlimmsten Befürchtungen malte ich mir aus, daß es jetzt nur noch ein kleiner Schritt sein würde, bis sie sich die Haare zu einem Fassonschnitt abschneiden ließen; sich Anzüge anzögen, regelmäßig arbeiten gingen bis zur Rente, heirateten, Kinder kriegten, Urlaub an der Costa Brava machten, sonntags in die Kirchenbank rückten, Mittelklasse-Auto fuhren, Mittelklasse-Haus bauten usw. Das verband ich mit Gott und Bibel: Gutbürgerlichkeit, Heuchelei und frommes Getue. Das einzige, was mir ein bißchen Hoffnung gab, war die Tatsache, daß ihr Ding offensichtlich nichts mit Kirche zu tun hatte.

Bis auf das spleenige religiöse Gequatsche schien unsere Welt noch ganz in Ordnung zu sein. So hoffte ich: »Die werden sich schon wieder einkriegen.« Aber sie kriegten sich nicht ein.

Ich versuchte mein Bestes, um sie zu retten, aber sie ließen sich nicht helfen. Sie wollten meine Rettung nicht. Gott sei Dank drifteten nicht alle Freaks in diese Richtung ab. Das wäre nicht zum Aushalten gewesen. Der Virus saß tief in der Szene, nach einem heftigen Streit spaltete sie sich endgültig in zwei Lager.

Die Beziehung zu Irene machte mich ungemein glücklich. Wir genossen uns gegenseitig, reisten in der Gegend herum und nahmen ständig Drogen. Gemeinsam mit ihr fühlte ich mich stark. Mein Leben bekam wieder Perspektive, einen neuen Sinn: Nun waren die Drogen nicht mehr die Mitte, sondern die Mitte waren wir selber.

Wir besuchten unzählige Rock-Konzerte – Led Zeppelin in Düsseldorf, Rolling Stones in Dortmund, einige Male Pink Floyd mit und ohne Londoner Symphonie Orchestra, Procol Harum in der Münsterlandhalle. Deep Purple in London, King Crimson in einem Londoner Vorort, und immer befanden sie und wir uns total auf Droge.

Eines unserer beliebtesten Ziele blieb nach wie vor der Marquee-Club, im berüchtigten Londoner Chinesen-Viertel Soho. In einer Silvesternacht, als wir den Club verlassen wollten, drängte uns die Polizei zurück in das Gebäude, weil sie gerade draußen Jagd auf Gangster machten und die Kugeln nur so durch die Gegend pfiffen.

Als wir nach der Entwarnung auf die Straße traten, trafen wir dort halb London, das sich auf den Beinen befand, um sich ein »Happy New Year« zu wünschen. Wildfremde Menschen knutschten uns ab, dabei wurden im Übermut selbst die Bobbies nicht verschont, die vergeblich versuchten, den Trafalgar Square-Brunnen abzusperren, damit sich die ganz Unerschrockenen bei dem eisigen Wetter nicht hineinstürzten. Sie glaubten, das bringe Glück. Wir brauchten in dieser Nacht ewig, bis wir ein Taxi fanden, das uns in unser Hotel brachte.

Manchmal kurvten wir mit unserem VW-Bus wochenlang durch Europa. Auf einer Rückreise von London fuhren wir nach Amsterdam. Dort hatte die Stadt, unter Absegnung der holländischen Behörden, einen neuen Treffpunkt für Freaks eröffnet. Im Vondelpark standen Dutzende von Bussen und Campingwagen herum, in denen die Hippies hausten. Wir stellten uns dazu. Es war ein Leben nach unserem Geschmack. Tagsüber lag man bekifft auf der Wiese in der Sonne und dröhnte auf Musik ab. Abends ging man ins Paradiso, um seine »Geschäfte« abzuwickeln. In dieser riesigen Hippiekolonie fühlten wir uns rundherum wohl.

Die Drogenszene splittete sich auf: Es gab die Politischen, natürlich links, die Intellektuellen, die Religiösen und es gab uns. Wir wollten einfach nur leben: »Nimm, was du kriegen kannst, lebe heute, denn morgen kannst du tot sein.« Wir sahen aus und lebten wie der Alptraum eines jeden ordentlichen Bürgers, und so erfüllte es uns mit Genugtuung, daß die Bajuffen Angst vor uns hatten und uns aus dem Weg gingen.

In Iserlohn litt die Szene nach wie vor unter der Spaltung. Mittlerweile waren die religiös Abgedrifteten nach Norddeutschland gezogen, wo sie auf einem Bauernhof lebten. Wenn einer von ihnen auf Besuch kam, knisterte die Atmosphäre äußerst gespannt, und wir stritten uns, was das Zeug hielt. Unentwegt versuchten sie, uns zu bearbeiten. Sie ließen durchblicken, daß wir nicht durchblicken würden, wenn wir uns nicht mit Gott beschäftigten.

Gleichzeitig baute ich mit einigen Leuten eine eigene Kommune auf. Wir zogen in ein Mietshaus, in dem ursprünglich normale Bürger gewohnt hatten. Nach und nach vergraulten wir sie und nahmen eine Wohnung nach der anderen ein. Bei uns ging es drunter und drüber. Wir beherbergten Rockmusiker, einen Bundeswehr-Deserteur und alle möglichen und unmöglichen Leute, die einen Schlafplatz suchten. Es sprach sich herum, daß bei uns die Post abging und die heißesten Drogenfeten gefeiert wurden.

Eines Tages, Irene und ich kamen gerade aus Amsterdam zurück, mußten wir feststellen, daß Mitbewohner in der Zwischenzeit unsere Wohnung »renoviert« hatten. Der Fernseher und ein Teil der Möbel lagen im Hof. Die Wände waren braun, lila, orange und gelb gestrichen. Diese Eingebung bekam jemand während einer LSD-Party, und sie wurde gleich in die Tat umgesetzt. Das Kommunenleben war eben nicht nur »spitze«, und die Freiheit der anderen konnte einem manchmal ganz schön auf die Nerven gehen.

Wenn wir die Szene treffen wollten, fuhren wir zu Hübner. Die Straße vor dem Café wurde von morgens bis abends von vierzig, fünfzig, sechzig Freaks belagert. Um uns herum verstreuten wir, was wir nicht mehr brauchten: leere Frittenschachteln, Cola-Dosen, Bierflaschen und Zigarettenkippen. Die Normalbürger mieden diesen Ort. Die meiste Zeit saßen wir, die ungepflegten, unrasierten, langhaarigen Typen, ausgerechnet vor dem Schaufenster eines Friseurladens. Im Fester hinter uns hingen die Plakate mit den durchgestylten und gepflegten Modefrisuren.

Für den Friseur stellten wir nicht gerade eine Reklame dar. Er führte einen verzweifelten Kleinkrieg gegen uns, indem er seine Fensterbank mit allem möglichen Zeug beschmierte oder seinen Eingang ständig naß hielt, damit wir dort nicht sitzen konnten. Je stärker er sich aufregte, desto massiver forderte er uns heraus, es uns erst recht vor seinem Haus gemütlich zu machen. Schließlich ging es soweit, daß mehrere von uns eine Vorladung von der Polizei bekamen. Der Friseur hatte uns angezeigt. Die Anklage lautete auf Hausfriedensbruch und Mordversuch. Wir wurden verhört, doch das Verfahren wurde bald eingestellt. Wir blieben die Sieger!

Ab und zu tauchte die Polizei auf, um nach dem Rechten zu sehen. Einmal ließen wir dem Polizeiwagen die Luft aus den Reifen, so daß sie auf den Felgen zu ihrer Dienststelle zurückeiern mußten. Ein anderes Mal machten wir Feuer auf der Straße. Aufgrund dieser Provokationen kam es erneut zu Verhaftungen. Dieses Mal lautete die Anklage auf Landfriedensbruch und Brandstiftung.

Die Bullen konnte ich nicht ab! Um meine tiefe Abscheu

gegen die gutbürgerliche Ordnungsliebe zu demonstrieren, stellte ich mich bewußt ins Halteverbot und sammelte dabei Strafzettel wie andere Leute Briefmarken. Meist warf ich sie mit heroischer und stolzer Geste in den Gulli, um sie später doch zu bezahlen. Dabei legte ich logischerweise mächtig drauf. Mit meinem VW-Bus bauten meine Kumpel und ich so viele Unfälle, daß ich von Flensburg eine Verwarnung bekam: Wenn ich nur noch einen einzigen Unfall verursachen würde, dürfte ich meinen Führerschein abgeben. Das half, danach ging es ein bißchen besser.

Meine ganze Sympathie galt der RAF, der sogenannten Rote Armee Fraktion. Baader, Meinhof und Co. versuchten mit Gewalt zu verändern, was sich scheinbar nicht verändern ließ. Nachdem sie es auf friedlichem Weg nicht schafften, ihre Ziele zu erreichen, wurden sie militanter und verschwanden in den Untergrund, aus dem sie sporadisch auftauchten, um Attentate zu verüben. Sie unternahmen Brandanschläge auf Kaufhäuser, um gegen Konsumterror zu demonstrieren, und drückten ihre Wut gegen die Verdummung der Massen mit Anschlägen auf die Springer-Verlagshäuser aus. Sie entführten und ermordeten namhafte Persönlichkeiten, um ihrer Verachtung gegen das Establishment Nachdruck zu verleihen. Die Schlagzeilen überschlugen sich und meldeten eine Terroraktion nach der anderen. Ich konnte ihren Haß sehr gut nachempfinden. Hätte ich sie persönlich kennengelernt, ich wäre bei ihnen mit eingestiegen.

Es war für mich ein schmerzliches Erwachen, als ich feststellte, daß die Drogenszene zunehmend linker wurde. Niemandem durfte man trauen, und von Flower-Power-Idealismus konnte schon lange keine Rede mehr sein. Einen meiner Bekannten erschoß man in Frankfurt bei einem Drogendeal, wegen läppischer zehntausend Mark. Die Szene in Amsterdam wurde auch von Tag zu Tag härter, nicht zuletzt dadurch, daß sich der Trend zum Heroin verlagerte.

Das bekam ich zu spüren, als ich eines Tages nach Amsterdam fuhr, um im Auftrag einiger Freunde eine größere Menge Shit zu kaufen. Die Dealer gaben mir ein Superzeug zum Proberauchen. Als ich bezahlte, machten sie totale Hektik: »Die Bullen, die Bullen ...« und hauten ab. Ich schnappte mir das Kilo, stürzte in meinen Wagen und fuhr Richtung Grenze. Als ich mir in Deutschland von dem Zeug einen Beruhigungs-Joint drehen wollte, merkte ich, daß sie mich über den Tisch gezogen hatten. Das ganze Kilo Haschisch war Mist, es zog sich wie Lakritz.

Zu Hause warteten die Leute sehnsüchtig auf den Stoff. Einige kamen natürlich auf die Idee, ich hätte sie übers Ohr gehauen, für ein paar Mark das billige Zeug gekauft und mir das Geld unter den Nagel gerissen. Sie forderten ihre Anteile zurück. Ich mußte mir etwas einfallen lassen. Irgendwoher bekam ich eine Schreckschußpistole und fing an, das Zeug mit der Waffe in der Hand zu verkaufen. Als ich es das erste Mal tat, kam ich mir wie ein Schwein vor. Aber ich mußte den Stoff doch los werden.

Nichts schien mehr so richtig zu klappen. Die Autos gingen kaputt, die Beziehungen zu den Freunden waren gespannt, zu allem Überfluß wurde ich erwischt, als ich in einem Kaufhaus Schallplatten klauen wollte. Sie drohten mir eine Razzia an. Wie von Sinnen rannte ich nach Hause, um die anderen geklauten Schallplatten auf die Seite zu bringen. Außerdem gab es auch noch diesen Lakritz-Shit. Ich schmiß ihn in den Bach. Die Hausdurchsuchung kam nicht, statt dessen wurde ich zu einer Geldstrafe verurteilt.

Am liebsten hätte ich mit all dem Schluß gemacht. Außer Irene hatte ich eigentlich nichts mehr zu verlieren. Wir beide fühlten uns wie in einem wilden brausenden Meer, schiffbrüchig auf einer Planke dahintreibend. Manchmal träumten wir davon, meinen alten Traum wahrzumachen: ganz aussteigen; nach Indien oder Kalifornien gehen! Aber wir wußten, daß die Leere und Hoffnungslosigkeit in uns mitgehen würde, wo immer wir auch hingingen. Was konnte uns die Erde noch bieten? In vollkommen düsteren Momenten philosophierten wir über die Möglichkeit eines Atomkriegs. Wir dachten: Wenn es dazu kommt, dann möglichst dicht an der Atombombe sein, und am besten voll bedröhnt mit dreißig Trips ab ins Jenseits.

Auf Droge hatten wir hohe Träume und Visionen. Nur bekamen wir leider, wenn der Rausch vorbei war, nichts geregelt. Es lag eine riesige Diskrepanz zwischen unseren Träumen, unseren Wünschen, wie wir die Welt verändern könnten, und unserem Alltag. Der Frust bohrte tiefer und tiefer in uns.

Wir unternahmen einen Versuch, aus diesem Gefühl der Stagnation auszubrechen, indem wir nach Jugoslawien reisten, um einen »gesunden« Urlaub zu machen. Das hieß: kein Gift nehmen. Mittlerweile merkte ich, daß sich unser Lebensstil gewaltig auf meinen Körper niederschlug. Ich hatte Probleme mit meinem Magen, war spindeldürr und litt häufig unter Kopfschmerzen und Angstzuständen. Ich rauchte sechzig selbstgedrehte Zigaretten am Tag und hatte häßliche, gelbe Finger davon. Nach dem Aufwachen am Morgen ging der erste Griff zur Zigarette oder zum Joint. In den vergangenen Jahren hatte ich mir Hunderte von LSD- und Mescalin-Trips und Tausende von Joints in den Kopf geballert. Doch kaum kamen wir aus Jugoslawien zurück, holte uns unser alter Lebenstrott erneut ein.

Ich jobbte so vor mich hin in meiner Metallwarenfabrik und wurde immer dreister. Selbst dort rauchte ich mittlerweile in der Pause meine Wasserpfeife. Wenn jemand mich kritisieren wollte, machte ich ihm unmißverständlich und arrogant klar, daß er sowieso keine Ahnung vom Leben hatte. Ich war der Größte. Zumindest sollten das alle anderen von mir glauben. Und doch wußte ich tief in meinem Innern, daß ich ausgebrannt war, obwohl ich es niemals zugegeben hätte. Der Widerspruch zerriß mich. Denn diese scheinbare Selbstsicherheit, die ich da zur Schau trug, war nicht viel stabiler als eine hauchdünne Fassade, die die bittere Wirklichkeit dahinter verbarg, die Leere, die sich in meiner Seele ausbreitete. Wie ich es auch drehte und wendete, die einzige Alternative zu dem Chaos, in dem wir saßen, schien das gutbürgerliche Spießertum zu sein. Doch lieber wäre ich gestorben, als mich dazu herabzulassen.

Manchmal fuhren meine Freundin und ich zu meinen Eltern, aber dort fühlten wir uns nie so richtig wohl. Sie lebten in ihrer Welt und wir in unserer. Obwohl sie uns ab und zu einluden und Irene sehr mochten, absolvierten wir nur kurze Pflichtbesuche. Wir waren ausgestiegen – aber wo hinein eigentlich eingestiegen?

Zu dieser Zeit schaute ich manches Mal sehnsuchtsvoll in den Sternenhimmel, in die Grenzenlosigkeit des Universums. Der Kosmos kam mir so unendlich, das All so unvorstellbar groß und gewaltig vor ... und ich als kleiner Mensch, hatte ich überhaupt eine Bedeutung in dem Ganzen? Gab es irgendwo doch einen unbekannten Gott? Doch meistens endete es damit, daß ich zu dem Schluß kam: Wenn es einen Gott gibt, dann bin ich es selbst, und dann lebt Gott in mir und ich in Gott. Wir sind die Götter.

Ich konnte John Lennon gut verstehen. Ende der 60er Jahre stieg er auf einem Flughafen Europas aus dem Flugzeug und behauptete: »Die Beatles sind bekannter als Jesus.« Als er das sagte, konnte jedermann an seinem Gesicht ablesen, daß er sich fühlte wie Gott. Doch je abgehobener meine Ideen und Philosophien sich entwickelten, desto bitterer und unerträglicher wurde die Realität, denn bei allem äußeren Gehabe und aller Arroganz mußte ich mich innerlich stark anstrengen, um mich über Wasser zu halten. Es war ein existenzieller Kampf ums Überleben. Viele waren bereits von seinen Strudeln heruntergerissen worden, um nie wieder aufzutauchen. Sie starben, wurden verrückt, schnallten es nicht mehr.

Außer den Hauptdrogen LSD, Mescalin, Haschisch, Marihuana kam in größerem Maße Heroin auf den Markt. Anfangs wurde es nur gesnift, später dann gedrückt. Ich mißtraute dem Zeug, denn diese Droge schien anders zu sein als die anderen. Die Leute kamen sehr schnell zurück, um dieses Gift zu kaufen, und legten dabei ein auffälliges Suchtverhalten an den Tag. Dieses Mißtrauen hielt mich vorerst ab, das neue Drogenabenteuer zu wagen.

Anfang der 70er Jahre kam die Psychedelic Musik auf. Sie ging nicht nur unter die Haut und ans Herz, sie ging in den Kopf. Zusammen mit den Drogen bewirkte sie eine Explosion des Gehirns. Ich wollte Bewußtseinserweiterung bis ins Unendliche, doch ich endete stets wie vor einer Wand. Ich wußte genau, hinter dieser Wand mußte es eine andere Dimension geben. Ich war entschlossen, diese Wand zu durchbrechen. Ich wollte mehr als nur parapsychologische Phänomene erleben, wollte mehr als telepathische Spiele, wollte mehr als Halluzinationen: Ich wollte durch diese Wand.

All Along the Watchtower . . .

Mein Idol Jimi Hendrix und einige andere Rockgruppen, wie East of Eden, kamen nach Fehmarn, um bei einem riesigen Open-Air-Festival zu spielen. Es versprach ein gewaltiges Spektakel zu werden. 50 000 Leute aus Europa pilgerten dorthin, aber das Wetter spielte nicht mit. Es regnete und stürmte, Irene und ich saßen fast drei Tage lang in unserem VW-Bus und warfen einen Trip nach dem anderen. Der Auftritt des Superstars verzögerte sich. 50 000 Freaks harrten aus, nur um ihn zu sehen.

Am letzten Tag, es war gegen Mittag, der Himmel klärte sich auf, die Sonne brach durch die Wolken, da ertönte aus der Ferne der unverkennbare Sound seiner Gitarre ». . . All along the watchtower«. Wir drängten uns durch die Menge der bekifften und betrippten Leute, die im Rausch seiner Musik tanzten. Dann standen wir vor ihm: Jimi Hendrix – ihn verehrte ich zutiefst.

Als ich ihn das erste Mal im Beatclub sah, spielte er das Stück »Hey Joe«. Es war ein ähnliches Schlüsselerlebnis wie damals, als ich die Beatles hörte. Bei mir brannten alle Sicherungen durch, ich wurde rasend und rastete völlig aus. Dabei zog ich mir eine Flasche Gin rein und prügelte anschließend in einem Tanzlokal zusammen, was mir in die Quere kam. Danach riß mir der Faden. Jimi Hendrix zog mich von da an in seinen Bann, und sein Einfluß hinterließ in meinem Leben tiefe Spuren. Voll Bewunderung kaufte ich alle seine Alben. Keiner konnte so Gitarre spielen wie er.

Als Irene und ich nun vor der Bühne standen, erschütterte

uns seine abgewrackte Ausstrahlung. Obwohl wir selbst voll drauf waren, entsetzte es uns zu sehen, wie kaputt er aussah. Aus seinen Augen blickte der Tod. Einige Wochen nach diesem Auftritt verreckte er in einem Londoner Hotel an einer Überdosis. Er erstickte an seinem eigenen Erbrochenen.

Zu seinem Gedenken bauten wir ihm in unserem Zimmer einen Altar. Wir malten eine Nische schwarz an, hängten ein großes goldenes Kreuz und ein Poster von ihm an die Wand, darunter stellten wir eine Kerze. Daraufhin erschien er uns des öfteren auf unseren LSD-Trips. Stundenlang hörten wir seine Musik.

Die Trip-Parties wurden immer ausgeflippter. Als ich in die Wohnung eines Bekannten kam, saß der Typ depressiv und in sich versunken ins Nichts starrend vor seinem vollendeten Werk. Er hatte eine Tischdecke unter die Decke genagelt und das Mobiliar verkehrt 'rum aufgebaut. Unerreichbar für mich, befand er sich in einer anderen Welt und reagierte nicht auf meine Versuche, ihn in die Gegenwart zurückzuholen.

Während einer anderen LSD-Party malte jemand Kringel an eine weiße Wand, und die betrippten Leute saßen da und starrten sein Werk an. Ab und zu stand einer auf und malte einen weiteren Kringel dazu. Und wieder starrten alle wie gebannt auf die Wand. Im Raum herrschte Totenstille. Ich kam dazu und beobachtete das Szenarium: zehn, zwanzig, dreißig, vierzig Minuten, dann wurde es mir zuviel: »Nix wie weg.«

Die Beatles trennten sich im Streit. Jeder von ihnen ging nun eigene Wege. George Harrisson stieg endgültig in die fernöstliche Mystik ein und sein neuestes Album vermittelte dementsprechend reine Anbetung zu Hare Krishna. Es hieß »All things must pass« – alle Dinge müssen vergehen. Die Musik klang wunderschön, doch sie hinterließ eine große Traurigkeit, denn sie klang so endgültig, so ohne Hoffnung.

Aber gerade das drückte mein Empfinden besser aus als alle Worte.

Während einer LSD-Nacht hörten meine Freundin und ich das Musical Jesus Christ Superstar. Zwar verstanden wir den Text nicht, aber unerklärlich zog uns die Gestalt Jesus in ihren Bann. Wie er es wohl geschafft haben mochte, über die Elemente zu regieren? Woher nahm er die Kraft, dies zu tun? Er sagte von sich, daß er der Sohn Gottes sei, also mußte er zu den gleichen philosophischen Rückschlüssen gekommen sein wie wir: Gott in mir, ich in Gott, Gott in allem und alles in Gott. Er mußte ein hohes Stadium der Erleuchtung und der Vollkommenheit erreicht haben und das ohne Drogen. Er hatte offensichtlich die »Wand« durchbrochen und das Materielle hinter sich gelassen. Und diese Spießer, die in ihrem irdisch-alltäglichen Kram versauerten, nagelten ihn in ihrer Ignoranz ans Kreuz ... unfähig, seine wahre Größe zu erkennen. Stundenlang tauschten wir unsere Inspirationen aus. Doch mit dem Rausch vergingen auch die Erkenntnisse der Nacht.

Ich begann, mich in starkem Maße mit Charles Manson zu beschäftigen, und konnte verstehen, was in ihm vorging. Er hatte eine Gruppe von Leuten um sich geschart und sie sich unter Drogeneinfluß und durch Ausübung geistiger Macht unterworfen. Sie waren ihm hörig, als er ihnen befahl, die schwangere Filmschauspielerin Sharon Tate und einige bekannte Männer der Filmszene in Hollywood in einer Villa zu ermorden. Ergeben und ohne Widerspruch ordneten sie sich seinem Befehl unter.

Auch in mir spürte ich die Faszination, andere durch Telepathie und LSD-Spielchen zu beherrschen. Manchmal überkam mich eine regelrechte Freude, wenn ich Menschen quälen konnte und sie mir ausgeliefert waren.

Tatsächlich kam ich zunehmend finsterer drauf und entwickelte einen leidenschaftlichen Hang zu Horrorfilmen. Es begann mit einem Film, der »Die Maske« hieß. Man erhielt an der Kasse eine Maske, die man bei einem bestimmten

Signal aufsetzen sollte, so daß die Szenen dreidimensional auf den Zuschauer eindrangen. Dieser absolute Horror faszinierte mich dermaßen, daß ich des öfteren auf LSD in solche Horrorfilme ging.

Auch Friedhöfe und deren Atmosphäre übten eine große Anziehungskraft auf mich aus. In gewisser Weise faszinierte mich der Tod. Vielleicht hatten Jimi Hendrix, Janis Joplin, Brian Jones und Jim Morrison, all die legendären Rockgrößen, die an einer Überdosis Drogen zugrunde gegangen waren, es geschafft, mit dem Tod durch die »Wand« durchzubrechen.

Es gab eine Sensation. Die amerikanischen Trips tauchten wieder auf dem Markt auf und wurden en gros angeboten. Obwohl ich wußte, daß sie mit Vorsicht zu genießen waren, schlug ich mächtig zu. Ihre Gefährlichkeit erfuhr ich bei einem Rock-Konzert in der Kölner Eissporthalle am eigenen Leib. Dort nahm ich ein Viertel von einem Trip, um ihn zu testen; die Wirkung setzte ein, mich erfaßte Panik, und von da ab überfiel mich ein Blackout. Als ich zu mir kam, saß ich vor der Halle knietief im Sand eingebuddelt. Vor mir stand ein Polizist. Auf die Frage, ob er mir helfen könnte, schüttelte ich nur den Kopf. Entsetzen erfaßte mich, ich hatte die Kontrolle über mich verloren.

Ich verkaufte die Trips ebenfalls einem Freund. Um zu sehen, wie er sie verkraftete, fuhren Irene und ich zu ihm. Er saß vor einem Fernseher, war komplett daneben und faselte von einer Säule in der Glotze, die wir aber bei allem Bemühen nicht entdecken konnten. Da wir sein Bewußtsein nicht erreichten, fuhren wir mit der Vermutung, daß er schon wieder zu sich kommen würde, zurück in unsere Kommune. Ohne Auto stand er seltsamerweise kurz darauf vor unserer Haustür und wußte nicht, wie er zu uns gekommen war. Genausowenig erinnerte er sich daran, wie er sich in der Zwischenzeit den Arm von oben bis unten verbrüht hatte. Die ganze Nacht über mußten wir seine Verletzung behandeln.

Als diese Trips erneut auftauchten, entschlossen wir uns, aufs Ganze zu gehen. Dieses Mal nahmen wir eine erhöhte Dosis, um die »Wand« endgültig zu durchbrechen. Wir verspürten ein ungeheures Verlangen, hinter diese »Wand« zu gelangen, hinter der wir eine ganz andere Wirklichkeit erahnten.

Der Flash ließ nicht lange auf sich warten. Während wir in unserem Wohnzimmer saßen und Musik von Quintesence hörten, gab es plötzlich im Raum und in unseren Köpfen einen wahnsinnigen Knall. Ich spürte, wie sich Fingernägel tief in meine Haut eingruben. Irene hing an mir und schrie fürchterlich. Sofort war mir klar: »Horrortrip! Jetzt müssen wir schnell normale Verhältnisse herstellen.« Ich sprang auf und machte die Musik aus. Irene befand sich plötzlich im psychischen Zustand eines Kleinkinds. Sie gebärdete sich wie ein kleines Mädchen. Aus ihrem Mund kamen wirre, gestammelte Lall-Laute. Durch meinen Kopf jagten Schrekkensvisionen, und es peinigte mich der Gedanke: »Wenn sie für immer verrückt wird, bist du schuld.« Ich versuchte, in die Normalität zurückzukommen, spürte jedoch voller Entsetzen, wie auch mich die Droge völlig ergriff. Ich verlor zusehends die Kontrolle. Fieberhaft kämpfte ich in mir um jeden Millimeter Bezug zur Wirklichkeit aber Stück für Stück entglitt mir die Realität.

Ich blickte nicht mehr, was Sache war, wollte nur eins: raus mit ihr. Verzweifelt nahm ich Irene bei der Hand und zog sie mit in unser Zimmer. Aber auch da gab es keinen Raum, normal zu werden, denn sofort erschien uns Jimi Hendrix. Ich wollte jetzt nichts mit ihm zu tun haben. Er sollte verschwinden, aber er ging nicht.

So verließen wir das Zimmer und gingen nach draußen in die Nachtluft, in der Hoffnung, daß uns die nüchterne Umgebung ein Stück in die Normalität zurückholen würde. Doch es wurde schlimmer. Im Fenster lagen unsere Mitbewohner und schrien zu uns runter:»Was ist denn mit euch los? Seid ihr ausgeklinkt?« Inzwischen konnte ich Irene nicht mehr helfen, mich hielt die Droge voll im Griff. Jeder blieb sich selbst überlassen.

Zurückgekehrt in unser Zimmer, legten wir uns aufs Bett. Plötzlich faselte ich ebenfalls in einer unbekannten Sprache. Obwohl jeder für sich redete, verstanden wir uns. Die Worte sahen wir in einer Art von goldenen Hieroglyphen im Zimmer geschrieben. Unsere Angst wurde panischer, und wir konnten nicht aufhören, diese Sprache zu sprechen. Es war, als wenn jemand unsere Stimmen benutzte. Wir hatten die Wand durchbrochen – doch hinter ihr lag nicht der Friede, sondern Zerstörung, der wir hilflos ausgeliefert waren.

Es schien wie ein riesiges schwarzes Loch, das uns zu verschlingen drohte. Wir spürten, wie unsere Seelen unseren Körper verließen – und wir wußten, wenn nicht ein Wunder geschah, würden unsere Körper am nächsten Tag als eine geistlose Maße aufgefunden werden.

Plötzlich, im Bruchteil einer Sekunde, überwältigte mich eine existenzielle Offenbarung, und glasklare Gedanken durchfuhren mich: »Das ist alles satanisch. Es will unser Leben zerstören. Aber wenn es Satan gibt, dann gibt es auch einen Gott.« Innerlich stand ich an einer Weggabelung: Auf der einen Seite zog mich etwas in einen schwarzen Abgrund, und auf der anderen Seite sah ich plötzlich ein helles Licht.

Ich wußte: Um der Finsternis zu entrinnen, mußte ich mich zu dem Licht retten. In meinem Innern schrie ich: »Gott! Gott! Hilf uns!« Während ich es schrie und schrie, wurde es mir zur Tatsache: Es gab einen Gott, und je näher ich mich zu ihm hinflüchtete, desto weiter mußten das Finstere und die Angst zurückweichen.

Ein tiefer Friede erfüllte mich, es war, als wenn das riesige Universum einen Augenblick lang aufhörte zu atmen. Dieser Friede unterschied sich deutlich von allen bisherigen, mir wohlvertrauten Empfindungen, auch von dem »Pseudo-Frieden«, den ich auf Festivals oder auf Drogen erlebt hatte, während wir in schöner Musik schwelgten. Dieser unerklärliche Friede war anders. Er kam direkt aus Gott und bewies mir: Gott ist real, er ist realer als alles andere. Dieser Gott war nicht irgendein Gott, dieser Gott war der Gott der Bibel, der Gott, der Himmel und Erde erschaffen hatte, der Gott der Liebe. Dieser Gott offenbarte sich mir durch seinen Frieden.

Gegen Morgen, als ich langsam zu mir kam, wußte ich ganz klar – und diese Erkenntnis war grauenhaft –, daß alles, worauf ich mich eingelassen hatte, teuflisch war. Ohne es zu wissen, diente ich dem Satan. Eigentlich hatte ich niemals ernsthaft geglaubt, daß überhaupt ein Satan existiert. Bis zu dieser Nacht hatte ich meine übersinnlichen Erscheinungen und Erfahrungen, ja sogar Schwarze Magie und Okkultismus für göttlich gehalten und damit, ohne es zu wollen, Dämonen in mein Leben gerufen. In dieser Nacht zeigte mir Gott, daß ich mich auf einem tödlichen Irrweg befand, der direkt in die Hölle führte. Ich hatte sehr tief in den Rachen des Todes geschaut.

Je klarer ich wurde, desto verzweifelter wurde meine Angst um Irene: Würde sie von dem Trip runterkommen? Hatte das schwarze Loch sie für ewig verschluckt? Ich fühlte mich entsetzlich schuldig, und voller Panik schrie ich innerlich: »Gott! Laß das nicht zu!»

Kurz darauf stellte ich fest, daß sie voll da war. Mich bewegten viele Fragen: Hatte sie diese Nacht genauso erlebt wie ich? War Gott auch ihr begegnet? Und wenn nicht? Wie würde sie reagieren, wenn ich ihr von dem erzählte, was sich in mir abspielte? Würde sie denken: Jetzt ist er auch auf einem Trip hängengeblieben? Angst, sie zu verlieren, kroch in mir hoch. Aber ich wußte: Was mich seit dieser Nacht mit diesem Gott verband, konnte ich nicht an die Seite schieben, ich mußte ihr davon erzählen.

In dem Moment, in dem ich anfing, ihr von meinem Erlebnis zu berichten, sprudelte sie mir entgegen, ihr wäre ebenfalls in dem Horror dieser fantastische Gott begegnet. Uns überkam eine euphorische Freude, und wir stellten übereinstimmend fest: Es gab einen Gott, und er war es wert, ihn zu suchen und kennenzulernen.

Die Leute in der Kommune reagierten genauso auf uns wie wir vor zweieinhalb Jahren auf die frommen Spinner aus dem Knusperhäuschen. Aufgekratzt schilderten wir ihnen, wie Gott uns in der Nacht geholfen hatte. Sie meinten daraufhin, daß wir wohl ausgeklinkt wären, und lachten uns aus. Irene und ich fühlten uns sehr isoliert mit unserer Erfahrung.

Wir folgerten, daß dieser einzigartige und über allen Dingen stehende Gott unmöglich etwas mit dem profanen Christentum oder einer bestehenden Konfession zu tun haben konnte. So zogen wir eine für uns logische Konsequenz, setzten uns in den Wagen, fuhren zum Gericht und traten aus der Kirche aus.

Nur, wie konnte man Gott am besten finden, und wo sollten wir anfangen, ihn zu suchen? Da wir den Gott der Bibel erlebt hatten, mußte folglich auch etwas über ihn in der Bibel stehen. So kramte ich meine Bücherkiste hervor, um darin nach meiner alten Konfirmationsbibel zu suchen.

Ich hatte mir im Laufe der Zeit wahre Berge von Literatur über zahllose Ideologien und Philosophien gekauft. Je nachdem, wie ich gerade drauf war, wurde das Alte verworfen und weggeworfen. Seit Jahren schleppte ich das kleine schwarze Buch mit mir herum und war öfters versucht, es zu vernichten, aber es kam nie dazu. Jedesmal, wenn ich meinen ideologischen Hausputz hielt und meine Literaturkiste durchsah, dachte ich: »Na, die Bibel besser nicht. Die versteht sowieso kein Mensch ... am allerwenigsten die Christen. Das ist ein versiegeltes und verschlossenes Buch, und vielleicht bekommst du irdendwann mal einen übernatürlichen Durchblick und verstehst sie.« So schleppte ich sie über die Jahre mit. Nachdem ich einige Hermann-Hesse-Bücher an die Seite gewühlt hatte, kam die Bibel zum Vorschein. Da ich die Angewohnheit besaß, Bücher von hinten zu lesen – ich wollte wissen, wie es ausgeht –, schlug ich sie auf den letzten Seiten auf, begann, in der Offenbarung zu lesen – und verstand selbstverständlich alles, was Johannes passiert war. Vieles klang so verblüffend nach Drogenerfahrung. Mir kam der schwere Verdacht, daß Johannes dies bestimmt auf LSD-Trips erlebt hatte: Halluzinationen, Erleuchtungen und die großen apokalyptischen Visionen: goldene Feuerreiter, ein Tier aus dem Meer steigend mit zehn Hörnern und sieben Häuptern, Heuschrecken wie Pferde, Sterne, die vom Himmel fielen. Für mich erschien es logisch, daß das Endgericht sehr bald kommen mußte. Es begeisterte mich, daß Gott am Ende Sieger sein würde über alles Chaos, alle Korruption und Ungerechtigkeit. Er war ein faszinierender Gott.

Gleichzeitig ging uns das Tohuwabohu um uns herum zunehmend auf die Nerven. In uns fand eine Veränderung statt, aber unsere Umgebung veränderte sich nicht mit. Das Chaotische und die Drogenfeten blieben, während wir uns vorgenommen hatten, kein LSD mehr zu nehmen. Denn wir wußten, es gab den Satan, Dämonen und finstere Mächte, und all das kämpfte gegen Gott. Außerdem fürchteten wir, wenn wir erneut LSD nehmen würden, daß sich der Horror der Nacht wiederholen könnte und wir vielleicht nicht so glimpflich davonkämen. Zumal Irene noch von Zeit zu Zeit von dem Gefühl befallen wurde, daß ihre Seele ihren Körper verlassen wollte, und mich dann wahnsinnige Angst um sie befiel. Haschisch rauchten wir weiter.

Die Kommune und die Chaoten hatten wir langsam satt. Manche verrückten Stories, die man mit ihnen erleben konnte, arteten geradezu witzig bis makaber aus. So kam eines Tages einer von ihnen wie ein Wahnsinniger um unsere Hausecke gerast, fuhr in die Gargage, schmiß die Garagentür zu und prompt hörten wir: »Tatü tata.« Die Polizei raste an unserem Haus vorbei, während er sich kaputtlachte. Er war in eine Kontrolle geraten und einfach durchgerast: »Hähä, jetzt wissen sie nicht, wo ich bin.«

Seine Frau und er hielten einen Affen, Fische, Katzen, einen Hund, Goldhamster, Wellensittiche und so dies und das. Eines Abends kam ich nach Hause und sah auf seinem dunklen Balkon ein eigenartiges Leuchten. Ich fragte mich, was da wohl so funkelte, und als ich nachschaute, stand dort ein Vogelkäfig, in den eine seiner Katzen eingesperrt war. Als ich ihn fragte, warum denn die arme Katze in dem Vogelkäfig wäre, meinte er: »Das ist die Strafe, sie hat meinen Wellensittich aufgefressen.«

An einem anderen Abend vermißte ich seinen roten Kater. »Er ist in der Toilette«, meinte er beiläufig. Ich ging ins Badezimmer, sah jedoch keinen Kater. Ich fragte ihn nochmals, wo denn das Tier sei. »In der Toilette! Hab ich doch gesagt«. Langsam dämmerte es mir. Als ich den Toilettendekel hochhob, sah ich den armseligen Kater klatschnaß in der Toilette sitzen. Er hatte in die Wohnung gemacht, woraufhin der Typ ihn verhauen wollte. Der Kater, nicht dumm, biß kräftig zu. Vor Wut setzte mein Freund ihn in die Toilette und zog ein paar mal ab. Das war hart an der Grenze!

Irenes und mein einziger Wunsch war es, Gott zu finden. Wir dachten, daß es dafür vielleicht angebracht wäre, etwas »normaler« zu werden. So entschlossen wir uns, eine eigene Wohnung zu nehmen und das Kommunenleben hinter uns zu lassen.

Unsere Wohnungssuche endete recht bald erfolgreich: vier Zimmer, mitten im Stadtzentrum von Iserlohn. Zwar sahen sie reichlich renovierungsbedürftig aus, aber sie gehörten uns ganz alleine. Nach einem Monat schwerster Schufterei konnten wir endlich einziehen. Mit der alten Szene wollten wir nichts mehr zu tun haben, sie verstanden uns sowieso nicht. Wir waren entschlossen, ein neues Leben anzufangen.

Ich arbeitete weiter in meiner Metallwarenfirma, und meine Freundin nahm sich auch einen Job. Dadurch konnten wir es uns leisten, einen alten, schweren 180er Mercedes zu kaufen. Das nostalgische schwarze Schätzchen, mit einem wilden, ausgeflippt gekleideten, langhaarigen Typen hinter dem Steuer, dem der Bart bis auf die Brustwarzen hing, zog die Polizeikontrollen geradezu magisch an. In unseren Augen waren wir jetzt ziemlich normal: Wir arbeiteten, besaßen eine eigene Wohnung und fuhren ein Bonzenauto. Nur unsere Mitmenschen schienen unsere Normalität leider nicht zu erkennen.

Ein, zwei Monate verstrichen ... drei, vier Monate ging es gut. Dann holte uns der alte Lebenstil wieder ein; die alten Freaks tauchten bei uns auf. Wir rauchten Haschisch zusammen, hörten Musik, und ab und zu warf ich einen LSD-Trip. Meine Befürchtung, daß mich die Erlebnisse jener Nacht einholen würden, bewahrheitete sich nicht. Im Gegenteil, die Wirkung des Acid blieb derartig schwach, daß ich mich entschloß, endgültig mit LSD zu brechen. Es brachte mir nichts mehr.

Einige unserer Freunde stiegen mittlerweile auf Heroin um. Sie versuchten, uns zu überzeugen, daß alle bisherigen Drogenerlebnisse gegen Heroin verblassen würden. Aber ich hatte genug erlebt und wußte sehr wohl, wie schnell die Leute von diesem Stoff süchtig wurden. Trotzdem verkaufte ich es einige Male, denn man konnte ganz gutes Geld damit machen. Doch als ich merkte, wie schnell die Leute wieder bei mir vor der Tür standen und was Neues haben wollten, blockte ich weitere Geschäfte ab. Ich wollte nicht schuld sein an ihrem Dilemma.

Der neu entdeckte Gott nahm uns dermaßen ein, daß wir mit jedem, der zu uns kam, über seinen Frieden sprachen. Da wir aber selbst nicht viel von ihm wußten, blieben uns am Ende solcher Diskussionen mehr Fragen als Antworten.

Ich las viel in der Bibel, doch trotzdem überwucherten Zweifel meine Hoffnung: »Ist das wirklich real mit Gott?

Oder war es nur ein Trip? Aber ich bin doch so seltsam klar geworden in dieser Nacht? ... Wenn es da nur jemanden gäbe, den ich fragen könnte ...« Ich drehte und wendete es hin und her.

Irene und ich gingen inzwischen seit drei Jahren zusammen. Obwohl wir eigentlich neu anfangen wollten, mußten wir erkennen, wie unsere Beziehung den Bach 'runterging. Wir waren mit dem festen Vorsatz in die neue Wohnung gezogen, einander so zu lieben, wie Gott uns liebte. Schließlich befahl er das ja in seinem Wort ausdrücklich.

Doch wir merkten sehr schnell, je enger wir zusammenrückten und uns lieben wollten, desto offensichtlicher kam unser Egoismus zum Vorschein. Es gipfelte darin, daß wir uns weinend in den Armen lagen und feststellten, daß wir uns zwar lieben wollten, doch nur bis zu einer gewissen Grenze dazu fähig waren. Diese Erkenntnis schmerzte sehr, und wir sahen fast keinen anderen Ausweg, als uns zu trennen.

Aber konnte Gott uns nicht hier gleichfalls helfen? Wenn er etwas befahl, konnte er dann nicht auch bewirken, daß man es im Leben umsetzen konnte? In unserer Verzweiflung fingen wir erneut an, innerlich zu schreien: »Gott, hilf uns!« Und wieder antwortete er uns durch seinen unerklärlichen Frieden und die Hoffnung, daß alles gut werden würde.

Gelegentlich erinnerte ich mich an die frommen Spinner, und ich fragte mich, ob ihre Suche nach Gott inzwischen zu einem Ziel geführt hatte. Wenn ich sie zuweilen traf, schwärmten sie mir von ihrem Zusammenleben vor, wie »dufte« es sei, von Liebe, Friede und Harmonie geprägt. Wenn ich ihnen glauben konnte, waren bei ihnen mittlerweile wahrhaft paradiesische Zustände ausgebrochen. Eigentlich konnte ich mir das nicht vorstellen, da ich die Typen zu gut kannte.

Andererseits sehnten Irene und ich uns in unserer Freundschaft nach Liebe, Harmonie und Frieden, und so entschlossen wir uns, sie zu besuchen. Vielleicht hatten sie ja tatsächlich den »Schlüssel zum Paradies« gefunden.

Ich kämpfte mächtig mit meinem Stolz und mußte mich ganz schön überwinden, um überhaupt dorthin zu fahren. Allein schon sie dort zu besuchen, war ein Zugeständnis, daß ich ihnen nur ungern machte.

Als wir das Grundstück betraten, spürte ich förmlich, daß hier etwas anders lief. Manuel kam uns grinsend, aber mit offensichtlicher Freude entgegen: »Wunderbar, daß ihr jetzt hier seid, wir haben oft für euch gebetet.« Das war zuviel des Guten: »Oh nein, haben die einen Frommen drauf!« seufzte ich innerlich. Doch damit nicht genug, er nahm mich in den Arm. Das fand ich total daneben. Ich wurde steif wie ein Brett und widerstand seiner Herzlichkeit, so gut ich konnte. Was war hier bloß Sache? In mir regte sich tiefe Ablehnung, obwohl es mich gleichzeitig berührte. Es kostete mich Mühe, Herr der Lage zu bleiben.

Sie lebten mit zwanzig bis fünfundzwanzig Leuten auf einem Bauernhof, die meisten von ihnen waren religiös drauf. Langsam baute ich meine Vorurteile ab und öffnete mich. Ich spürte, was sie lebten und sagten, war echt. So dachte ich bei mir: »Egal was es ist, was sie haben, das willst du auch.«

Wir erzählten ihnen von unseren Erfahrungen mit Drogen und Gott; wie wir anfingen, die Bibel zu lesen, und versuchten, so zu leben, wie sie es forderte; wie wir an unsere Grenzen kamen, nicht fähig, Gott und einander zu lieben.

Die, die um uns herum auf dem Boden saßen, nickten überaus verständnisvoll und ließen dabei eine Haschischpfeife kreisen: »Das kennen wir. Fast zweieinhalb Jahre haben wir versucht, uns zu lieben. Dabei haben wir uns fast umgebracht und uns die Spinatteller um die Ohren geworfen.« Das konnte man sehen, denn in der Küche klebte ein dicker grüner Fleck an der Wand. »Mit Gott, das ist ganz gut und schön, aber du mußt zu Jesus kommen«, und daraufhin erzählte Manuel folgende Geschichte:

Nach einer durchkifften Nacht waren sie nachmittags aufgestanden. Als einer verschlafen die Tür öffnete, prangte direkt vor seiner Nase ein dickes Plakat: GOTT KENNEN IST LEBEN, eine Einladung zu einer Evangelisation. Um zu hören, was denn die Spießer über Gott zu sagen hätten, beschlossen einige, dort hinzugehen. Als sie die Halle betraten, saßen etwa vierhundert bis fünfhundert Leute auf den Bänken. Die fünfzehn Freaks setzten sich in die hinterste Reihe. Sie merkten schon, daß sie in ihrer Hippie-Kleidung, mit ihren langen Haaren und Bärten in dieser wohlgeordneten, bürgerlichen Runde auffielen.

Der Evangelist führte aus, daß Jesus nicht ein beliebiger Religionsstifter und Revolutionär gewesen war, sondern daß er der Sohn Gottes sei, der am Kreuz von Golgatha für die Sünden der Menschen starb, von den Toten auferstanden ist und lebt . . ., daß sein Blut auf Golgatha geflossen sei, damit Frieden ist zwischen den Menschen und dem Vater im Himmel, der alleine Gott und der Schöpfer des Himmels und der Erde ist. Es gäbe keinen anderen Weg, als durch den gekreuzigten und auferstandenen Jesus zu Gott zu kommen. Nur Jesus bringe neues Leben und Vergebung. Danach rief er diejenigen auf, die ihr Leben Jesus geben wollten, nach vorne zu kommen.

Durch diese Botschaft angerührt, marschierten die fünfzehn Freaks geschlossen zur Kanzel. Einige von ihnen kamen barfuß, in selbstgemachten Hosen aus Bettlaken, in Ostereierfarben gefärbt, schwer behangen mit Kreuzen, türkischen Halbmonden und anderem Hippie-Schmuck. Den Bürgern stockte der Atem, und manch einer von ihnen blickte ängstlich hinter ihnen her: Wollten sie die Bude auseinandernehmen?

Er beendete seine faszinierende Geschichte mit den Worten: »Jetzt können wir uns untereinander und Gott lieben. Die Liebe ist das Größte.« So standen sie nun da mit ihrer

Bekehrungserfahrung, fingen an, täglich zu beten, in der Bibel zu lesen, und erfuhren Veränderung in ihrem Verhältnis zu Gott und zueinander. Das konnte ich bestätigen. Äußerlich sahen sie zwar gar nicht verändert aus, aber wie sie miteinander umgingen und uns aufnahmen, sprach Bände.

Nachdenklich fuhren wir nach Hause. Was sie erzählt hatten, war mir »reingegangen wie Butter«. Am meisten traf mich die Aussage von Jesus: Niemand kommt zum Vater denn durch mich. Ich bin der Weg, die Wahrheit und das Leben.

Es war mir nun sonnenklar: Wenn ich Gott finden und zu ihm durchdringen wollte, ging das nur über Jesus. Ihn, den Sohn Gottes mußte ich finden. Nur, wie sollte das gehen? Neue Fragen taten sich vor mir auf, denn ich hatte vergessen zu fragen, wie das praktisch gehen sollte.

2. Teil

I need somebody

I Found The Lord In The Country . . .

Wie konnten wir Jesus kennenlernen und erreichen, daß der Friede Gottes uns nie mehr verließ? Diese Frage wurde der ständige Begleiter in Irenes und meinem Leben. Es begeisterte uns, wie Jesus mit den Leuten umging, sie gesund machte, von Dämonen befreite, ihnen zu essen gab, wie er für sie Wasser in Wein verwandelte und aus Maria Magdalena sogar sieben Dämonen austrieb. Je weiter wir lasen, desto mehr faszinierte uns Jesus. Aber wie konnte man ihn kennenlernen?

Eigentlich stellte es für mich kein Problem dar, an Jesus zu glauben. Immerhin hatte ich so viele Erfahrungen auf dem Gebiet des Dämonischen gemacht und auf Droge eine »Wand« nach der anderen durchbrochen, daß es mir nicht schwerfiel, unsichtbare Dinge für real zu halten. Ich wußte, daß es eine Dimension gab, die mit dem Verstand nicht zu erfassen war.

Ich ahnte, daß es im Bereich des Lichts wie im Bereich der Finsternis eine Dimension gab, die hinter einer »Wand« lag, eine ganz reale Welt hinter dem Sichtbaren, wo Gott existierte. Ich ahnte, daß Glaube mehr war als Ideologie oder die Kunst, hohe Gedankengebäude zu bauen, daß hinter dieser Wand das Leben lag, keine Zerstörung, und ich wußte nun, daß der Schlüssel Jesus war.

Die Frage wurde brennender: Wie konnte man mit Jesus in Verbindung treten, denn immerhin sprach Gottes Wort davon, daß er auferstanden sei und lebte. Und wer lebte, mit dem mußte man reden können. Ich las und las. Wir lasen gemeinsam die Bibel. Es wühlte uns auf und zermürbte zugleich. Wie konnten wir diese »Wand« durchbrechen und mit Jesus in Kontakt kommen?

Besonders sprang mir Matthäus 18,20 ins Auge: »Da, wo zwei oder drei zusammen sind in meinem Namen, da bin ich mitten unter ihnen.« »Okay, dann sind wir hier nicht zu zweit, sondern zu dritt.« Es fiel mir in diesem Augenblick außerordentlich leicht zu glauben, daß Jesus hier zwischen uns saß: Irene, Jesus und ich. Ich sah Jesus nicht, aber ich konnte ihn förmlich spüren. Doch wie konnte ich mit ihm in Berührung kommen, mit ihm Kontakt aufnehmen?

Plötzlich wußte ich genau: Ich mußte beten. Bis dahin war mein Rufen zu Gott lediglich ein inneres Schreien gewesen, kein einziges Mal hatte ich ihn laut angeredet. Ich wollte nicht beten, »fromm« werden und in erstarrten christlichen Klischees enden. Das kannte ich, das lag hinter mir. Darin fand ich kein Leben. Wenn, dann wollte ich Gott real kennenlernen.

»Lieber Gott, mach mich fromm, daß ich in den Himmel komm« und »Ich bin klein, mein Herz ist rein, soll niemand drin wohnen als Jesus allein« ... das war alles, was mir an Gebeten einfiel. Aber das konnte es doch nicht sein! Als nächstes kam mir das »Vater Unser« in den Sinn. Vielleicht sollte ich es damit probieren ... das hätte ich ja schlimmstenfalls aus einem der Evangelien ablesen können. Doch ich wußte, daß es das auch nicht war, worauf es jetzt ankam. Ich ahnte, daß es nicht nur um eine Floskel ging. Wenn Jesus als Person real da war, ging es nicht um Formen, dann ging es um eine Beziehung. Tausend Gedanken rasten mir durch den Kopf.

In gewisser Weise fühlte ich mich schuldig; ich wußte, daß ich mein Leben ohne Gott gelebt und es mit harten Drogen, okkulten Dingen und dem Satan in einen Scherbenhaufen verwandelt hatte, daß ich an dem Eigentlichen vorbeigegangen war. Ich wollte jetzt »gut« leben, wollte ein guter Mensch sein. Ich wollte jetzt ein Leben leben, mit dem ich vor Gott bestehen konnte.

Die Stunden des Abends vergingen. Irene und ich überlegten hin und her: Konnten wir so, wie wir waren, einfach zu Jesus gehen? Würde er hören?

Selbst wenn Jesus existierte, blieb es für uns an diesem Abend bedeutungslos, wir hatten nicht mit ihm geredet und gingen frustriert ins Bett. So ging es drei Tage lang.

Am dritten Abend stand mein Entschluß fest: Ich werde mit Jesus reden! Wenn Jesus da war, wo zwei oder drei sich in seinem Namen versammelten – und wir versammelten uns jetzt ja schließlich bereits seit drei Tagen in seinem Namen und redeten über ihn –, dann mußte er sich jetzt beweisen, dann mußte das jetzt irgendwie real werden.

Entschlossen sagte ich: »Ich werde jetzt zu Jesus reden. Wenn ich jemanden kennenlernen will, muß ich mit ihm reden. Und wenn er da ist und so ist, wie wir es gelesen haben, wird er mir antworten und reagieren.«

Aber das war gar nicht so leicht. Der Schweiß rann mir die Achselhöhlen runter. Mir schien jemand die Kehle zuzudrükken, und ich befürchtete zu ersticken. In mir tobte ein regelrechter Kampf.Ich stammelte: »Jesus, ...«, und dann hörte ich mich selber beten. Ich bekannte ihm, daß es mir leid täte, ohne ihn, ja sogar gegen ihn gelebt und gesündigt zu haben. Es war demütigend, aber ... ich sprach mit Jesus! Es sprudelte nur so aus mir 'raus, die Worte kamen mir frei von der Leber weg. Während ich so mit Jesus redete, spürte ich ganz stark seine Gegenwart. Da kam er wieder, dieser Friede, und durchströmte meinen Körper, meine Gefühle, meine Gedanken. Bis in die tiefsten Tiefen durchdrang mich die Gegenwart Jesu, und ich wußte: Das ist seine Antwort. Jesus war Wirklichkeit. Er hatte für mich ganz persönlich am Kreuz und durch seine Auferstehung Frieden mit Gott gemacht.

Die Tatsachen des Evangeliums, die ich so oft gehört und

nie verstanden hatte, bekamen auf einmal Sinn. Ich hatte die Wand durchbrochen und war angekommen, wo ich mein Leben lang hin wollte: Ich war bei Gott! Nach vierundzwanzig Jahren Suche hatte ich endlich das Ziel erreicht.

In meine Gefühle versunken, vergaß ich alles um mich herum und war überglücklich. Augenblicke später registrierte ich, daß auch Irene betete, und ich konnte förmlich spüren, wie Jesus ihr ebenfalls begegnete. Jesus war bei uns; er hörte uns, und er reagierte auf uns. Ein großer Knoten war geplatzt.

An diesem Abend gingen wir nicht frustriert ins Bett. An diesem Abend wußten wir, unser Leben, alles würde sich radikal verändern.

Voller Spannung fragte ich mich, ob sein Friede am nächsten Tag noch da sein würde, und fieberte dem Morgen schon beim ZuBettgehen entgegen. Ich fühlte mich wie von neuem geboren und schlief sehr, sehr glücklich ein.

Als ich am nächsten Morgen die Augen aufschlug, durchströmte mich ein tiefes Glücksgefühl. Der Friede war noch da. Äußerlich hatte sich nichts verändert. Der Raum war derselbe. Meine Freundin wälzte sich neben mir im Bett auf die andere Seite. In meiner Lunge meldete sich das Verlangen nach einer Zigarette. Ich griff zum Tabak, drehte mir eine und sinnierte vor mich hin. Was würde nun in unserem Leben passieren? Ob Gott wohl einen Plan hatte mit uns? Wie am Abend zuvor begann ich, mit Jesus zu reden: »Jesus, wenn du mein Leben gebrauchen kannst, hier bin ich. Ich will es dir geben, mach mit mir, was du willst!«

In den nächsten Tagen kam uns nichts anderes in den Sinn, als zu beten, Seite um Seite in der Bibel zu lesen und dauernd über das Wort Gottes zu reden. Wir fanden es toll, daß wir nun vieles von dem verstanden, was wir lasen. Ungeahnte Welten taten sich vor uns auf, und so merkten wir gar nicht, daß wir seit einigen Tagen kein Haschisch mehr rauchten.

Jesus wurde mit jedem Tag mehr die Mitte meines Lebens, und in mir brannte die Hoffnung, daß sich das nie verändern würde. Die Drogen hatten auf Dauer das Vakuum nicht ausgefüllt, und die Liebe zu Irene war zerbrechlich; aber aus der Beziehung zu Jesus ersehnte ich mir Beständigkeit, die niemals vergehen würde.

Die neue Erfahrung beflügelte mich in meinem Alltag, und jedem, der es hören wollte, erzählte ich: »Ich habe Jesus gefunden. Er lebt. Er ist real.« Doch ich stieß weitgehend auf Unverständnis. Die Normalbürger, mit denen ich sprach, versuchten, mir ständig was von katholisch, evangelisch, Kirchensteuer und sozialem Engagement der Kirche zu verklickern. Sie verstanden überhaupt nicht, daß ich Jesus meinte und keine Institution.

Was diese Leute anbelangte, so fühlte ich mich darin bestätigt, daß in der Kirche, in die sie rannten, nur Heuchler saßen, die sowieso nicht glaubten, was sie zu glauben vorgaben. Deshalb war ich froh, daß ich gleich am Anfang so konsequent aus der Kirche ausgetreten war. Ich wollte meinen Glauben echt leben und nahm an, daß Jesus sich in unserem Wohnzimmer bestimmt wohler fühlte als in uralten, kalten Gebäuden. Jedenfalls stellte sich mir der Jesus, von dem ich im Neuen Testament las, so dar.

Die Freaks, denen ich von meinen Erfahrungen berichtete, sahen mich meistens etwas ratlos an und wußten nicht, was sie dazu sagen sollten. Inzwischen traf sich die Szene in der Schauburg, dem Iserlohner Jugendzentrum, und im Fantasia, der neuen Drogendisco. Café Hübner baute man endgültig zur Frittenbude um. Überall, in der Pizzeria oder auf der Straße, jedem, den ich traf, verklickerte ich meinen neuen Glauben. Manche schlugen vor Entsetzen die Hände überm Kopf zusammen. »Jetzt driftet er ganz ab«, stand in ihren Gesichtern zu lesen, wenn sie mich halb entsetzt, halb belustigt ansahen.

Manche setzten sich durchaus ernsthaft mit mir auseinander. Mit einem gefrusteten Bundeswehranwärter diskutierte ich eine Nacht lang über Jesus. Obwohl ich mir den Mund fusselig redete, ließ er sich nicht überzeugen. Am nächsten Morgen lagen wir beide zerschlagen am Boden. »Warum will denn bloß keiner das Größte, was es hier auf dieser Erde gibt, die Liebe Gottes kennenlernen?« Ich fragte mich, ob es daran lag, daß ich meine Erfahrungen nicht richtig 'rüberbringen konnte, denn niemand schien es zu verstehen.

Die einzigen, bei denen wir mit unserer Begeisterung, unseren Fragen und Problemen auf Verständnis stießen, blieben die Leute auf der Hippie-Farm im Norden Deutschlands. Wir befanden uns auf derselben Wellenlänge, mit dem Unterschied, daß sie fünfundzwanzig waren und wir nur zwei. Eine regelrechte Jesus-Bewegung kam unter den Hippies und Freaks in Deutschland ins Rollen. Aus allen Richtungen pilgerten die verrücktesten Gestalten zu dem Bauernhof, weil sich im Land rumsprach, dort sei etwas Religiöses los.

Ein Maler reiste, mit Glatze und in einen Lumgi gehüllt, direkt aus Indien an. Kurz vor seiner Rückkehr nach Deutschland hatte er seine Zöpfe, in die rosa Krebspanzer eingeflochten waren, abschneiden lassen müssen, weil ihm ständig Läuse als kleine Fleischbeilage ins Essen gefallen waren. Er fühlte sich wie ein weiser Babba und war in seinen Drogenphantasien mit einem Kaffeewärmer auf dem Kopf als Van Gogh an Goas Stränden herumgeirrt.

Ein anderer Freak kam aus Düsseldorf; er besaß eine der bestflorierenden Szenenkneipen in der Altstadt. Er hatte selbst Jimi Hendrix persönlich gekannt.

Da die Stammbesetzung der Farm aus Musikern bestand, spielte Musik in allem eine überragende Rolle. »Tarras Bulba« nannte sich inzwischen »Truth by Christ«. Da man sich bei den Auftritten jetzt auf Gott ausrichtete und mit seiner Harmonie im Geist rechnen konnte, setzte man stärker auf Inspiration als auf Arrangement. Diese »Harmonie« empfanden allerdings die Ohren der Zuhörer nicht immer als Wohltat.

Irgendwas oder irgendwer dudelte immer irgendwo in irgendeinem Raum des Bauernhauses. Entweder spielte der Plattenspieler, oder einer der Musiker gab Kostproben auf seinem Instrument. Höhepunkte bildeten Musiksessions, auf denen wir stundenlang abdröhnten. Dabei kreisten natürlich die Wasserpfeifen und Joints. Haschisch war in unseren Augen ein Naturprodukt wie Tabak und von daher kein Rauschgift. Warum nicht mit Dank genießen, was Gott schuf? Unter diesem Aspekt fiel auch ich in meine alte Gewohnheit zurück und rauchte Pot.

Shit und Tabak gab es genug, wogegen das Essen meist nicht so üppig ausfiel. So kam es vor, daß nach einem Blick in den leeren Kühlschrank einer zu Pfeil und Bogen griff und in den Wald ging mit der idealistischen Vorstellung, hier ein Wildschwein erlegen zu können. Nachdem dieser irrige Plan nicht funktionierte, mußten die Früchte des Kirschbaums im Garten genügen. Auch die Hoffnungen, die auf ein geschenktes kleines Ferkel gesetzt wurden, zerbarsten, denn die Aufzucht gelang nicht wie geplant. Nachdem man es einige Tage nicht gesehen hatte, fand man das arme Schwein erstickt in der Jauchegrube.

Das Leben auf dem Bauernhof glich einer entspannenden Idylle. Spät in der Nacht ging man zu Bett und stand spät am Tag auf, um sich im Garten wieder auf eine Decke zu legen und weiterzuknacken. Wir aßen, wenn wir Hunger verspürten, und wuschen ab, wenn es sich absolut nicht mehr vermeiden ließ und uns dann dazu vielleicht noch die große Lust überfiel.

Jeder setzte seine Begabungen ein – der eine faulenzte, der andere komponierte, der nächste malte Bilder, und die Übernächste schneiderte aus Bettlaken Kleidungsstücke, die sie in verschiedenen Farben einfärbte. Wir waren in unserer Überzeugung, unserem Lebenstil und unserem Äußeren Freaks. Aber wir waren gläubige Freaks.

Vielen war Jesus auf die gleiche Art und Weise begegnet wie Irene und mir. Diese Erfahrung verband uns und brachte uns auf einen gemeinsamen Weg, von dem niemand so richtig wußte, wohin er führte. Wir fanden es toll, zu einer solchen außergewöhnlichen Jesus-Familie zu gehören, die ständig in Bewegung blieb und von Tag zu Tag wuchs. Wir erlebten einen richtigen Aufbruch, dessen Antriebskraft im gemeinsamen Bibellesen, Gebet und Reden über Jesus lag.

Mit großer Verwunderung entdeckte ich in der Apostelgeschichte, daß die, die gläubig geworden waren, sich taufen ließen. Taufe? Wozu das denn? Ich studierte die verschiedenen Stellen über Taufe und fand heraus, daß es ein Akt war, in dem man sein altes Leben »in den Tod gab«.

Während wir gen Norden aufs Land fuhren, gingen mir diese Dinge durch den Kopf. Irene saß neben mir und unterbrach mich mitten in meinen Grübeleien: »Du Walter, ich glaube, wir sollten uns taufen lassen.« Ich reagierte völlig verblüfft, da sie nichts von meinem inneren Zwiespalt wußte, und obwohl ich spürte, daß Gott durch Irene zu mir redete, begann ich, mit ihr zu diskutieren. Das Ding mit der Taufe ging mir gegen meinen Stolz. Reichte denn nicht meine Kindertaufe? So wichtig für meinen Glauben an Jesus konnte das bißchen Wasser doch nicht sein. Entschieden nahm ich mir vor: Nein, das mach ich nicht mit!

Bei unseren Freunden angelangt, kamen wir wiederum auf dieses Thema. Einige von ihnen hatten sich bereits gegenseitig in einer Badewanne getauft mit der Begründung, daß Jesus schließlich befahl: »Macht zu Jüngern alle Völker, tauft sie auf den Namen des Vaters, des Sohnes und des Heiligen Geistes und lehret sie halten alles, was ich euch befohlen habe.« Jünger waren sie selber – Wasser gab es genug – Badewanne fand sich im Badezimmer. Also, was stand einer Taufe entgegen? Allein die Vorstellung dieser Aktion ging mir total gegen den Strich. Es schien einfach lächerlich, in eine

Badewanne zu steigen und sich dort untertauchen zu lassen. Diese Frage, die so unvermittelt in meinem Leben auftauchte, verdrängte ich mit überheblicher Arroganz. Das war ja das Allerletzte!

Zuhause merkte ich sehr bald, daß ich durch meinen Dickkopf den Frieden Gottes aus meinem Leben vertrieb. Dennoch, ich beharrte in meinem Eigensinn und wollte nicht nachgeben. Es folgten einige »heavy« Tage, an denen es mich fast zerriß. Ich öffnete kaum noch meine Bibel, weil ich genau wußte, daß Jesus mich auf die Taufe und meine miese Haltung ansprechen würde.

Die Auseinandersetzung erreichte ihren Gipfel, als ich eines Abends alleine zu Hause blieb. Weil ich schlecht drauf war, legte ich mich früh ins Bett und schlief ein. Im Traum sah ich ein riesiges lila Wohnzimmer mit einer bombastischen Stereoanlage. Eine große Hand reichte mir einen LSD-Trip. Ich nahm ihn, und während ich ihn schluckte, merkte ich, wie ich auf Trip kam. Schweißgebadet und zutiefst erschrocken fuhr ich aus dem Schlaf hoch und fühlte mich auf Droge. Der Horrortraum war Wirklichkeit geworden, und mich ergriff Panik.

Mich befiel die gleiche schreckliche Angst wie in jener grauenhaften, aber doch so entscheidenden Nacht. Ich rannte zum Spiegel, Augen mit typisch LSD-geweitete Pupillen starrten mir entgegen. Eine regelrechte Todesangst würgte mich.

Zitternd kroch ich zurück ins Bett. Es gab niemanden, mit dem ich beten konnte. Verzweifelt versuchte ich, wieder einzuschlafen, aber es wurde nur noch schlimmer. Plötzlich füllte sich das Zimmer mit schrecklichen Gestalten. Ich wußte, das war kein Traum, das war Realität. Ob ich meine Augen schloß oder geöffnet hielt, die Dämonen belagerten den Raum und bedrohten mich.

Für lange Gebete reichte meine Kraft nicht, und so schrie ich den Namen heraus, von dem ich wußte, daß er die Macht besaß, diesen finsteren Angriff abzuwehren. »Jesus, Jesus!«

rief ich und kam mir gleichzeitig sehr doof dabei vor. Was würde Irene denken, wenn sie nach Hause kam und mich so laut schreien hörte?

Doch je lauter ich schrie, desto stärker spürte ich die unbeschreibliche Kraft, die sich in diesem Namen manifestierte. Die Dämonen wichen zurück. Sie wußten, daß sie diesen Kampf verloren hatten. Jesus war Sieger. Erschöpft schlief ich ein, doch nur für kurze Zeit. Die Dämonen starteten eine neue Angriffswelle.

»Warum? Jesus, warum läßt du das zu?« Eigentlich brauchte ich diese Frage gar nicht zu stellen, denn ich wußte die Antwort: Indem ich dem Heiligen Geist gegenüber ungehorsam war, gab ich den Mächten der Finsternis wieder Raum.

Alles lag an meinem stolzen Widerstand gegen die Taufe. So kapitulierte ich und versprach Jesus, mich bei der nächsten Gelegenheit taufen zu lassen. Augenblicklich verschwand der ganze Spuk, und der Friede kehrte zurück.

Nun konnte ich es kaum erwarten, auf den Bauernhof zu kommen. Auf unsere Frage, ob sie uns taufen würden, füllte Manuel die Badewanne. Wir zogen unser Schwimmzeug an und stiegen nacheinander in die Wanne. In seinem Bemühen, ja nichts falsch zu machen, tauchte er uns gleich dreimal unter: »Im Namen des Vaters« – untergetaucht »im Namen des Sohnes« – untergetaucht – und »im Namen des Heiligen Geistes« – wieder untergetaucht.

Als ich aus dem Wasser stieg, wußte ich, was es bedeutete, in den Tod Jesu hineingetauft zu sein und daß mein altes Leben ersoffen war. Für mich gab es kein Zurück. Jesus erwies sich als mein Freund, und er würde mir zeigen, wie es weiterging. Er meinte es niemals schlecht mit mir, ich konnte ihm hundertprozentig vertrauen.

Turn, Turn, Turn . . .

Die kommenden Monate waren nicht nur mit Glaubensabenteuern gespickt, sondern auch mit vielen existenziellen Zweifeln. Mehr als einmal war ich versucht, die ganzen Erfahrungen als Spinnerei abzutun. Manchmal gelangte ich fast zu der Überzeugung, daß ich doch nur auf einem Trip geblieben war und den Bezug zur Realität verloren hatte.

Im nächsten Moment wollte ich wild entschlossen weitergehen mit Jesus, und zwar mit riesigen, radikalen Schritten, wollte nicht stehenbleiben bei den bisherigen Erfahrungen, sondern noch intensiver in die Dimensionen des Glaubens eindringen.

Selbstverständlich redete ich auch mit meinen Eltern über meinen Glauben an Jesus. Trotz anfänglicher Skepsis erkannten sie nach und nach meine Ernsthaftigkeit. Aber in dem Verhältnis zu meinem Vater schwelte mit meiner Bekehrung schon wieder neuer Sprengstoff kurz vor der Explosion. Er war fest überzeugt von seinen Mormonen und versuchte, mir mit wahren Überredungskünsten klarzumachen, daß die Mormonenlehre die absolute Wahrheit sei. Doch das fand in mir keine Resonanz, denn daß diese Typen meinen Jesus kennen sollten, überstieg meine Vorstellungskraft. Damit waren heftige Dispute zwischen meinem Vater und mir vorprogrammiert.

Bei meiner Mutter stellte man in der Zwischenzeit ein unheilbares Krebsleiden fest. Man konnte förmlich sehen, wie sie von Tag zu Tag an Kraft verlor und schwächer wurde. Sie war mittlerweile bettlägerig und bis auf die Knochen abgemagert. Mein Vater pflegte sie liebevoll. Mit der Nachricht, daß ich mich bekehrt hatte, machte ich sie sehr glücklich. Durch die Jahre hindurch hatte sie nie aufgehört, für mich bei Gott zu bitten. Nun endlich war ich in der Lage, mit ihr und für sie zu beten. Daraus entwickelte sich eine Beziehung, wie ich sie nie zuvor zu ihr hatte. Voll Vertrauen und Hoffnung auf ein Wunder bestürmte ich Gott, meine Mutter zu heilen.

Weihnachten stand vor der Tür. Seit meiner Kindheit konnte ich das erstemal etwas mit diesen Feiertagen anfangen. Das Fest bekam einen Sinn, es war der Geburtstag von Jesus. Dieses Mal überfiel mich bei dem Gedanken an Heiligabend keine Depression, sondern eine tiefe Freude.

Im allgemeinen Weihnachtstrubel lud mein Chef die Belegschaft zu einer Betriebsfeier in eine Kneipe ein. Eigentlich verspürte ich keine große Lust, mit den Spießern zu feiern, aber ich konnte mich schlecht abseilen und ging hin. Natürlich wurde bei so einem Anlaß viel getrunken, und auch ich langte kräftig zu.

Allerdings hatte ich dabei kein so gutes Feeling, denn mir war nicht ganz klar, ob das für Gott in Ordnung ging. Deshalb betete ich vorher vorsichtshalber: »Herr, wenn ich heute viel Alkohol trinke, du weißt ja, daß ich mich da schlecht ausschließen kann, dann paß doch bitte auf, daß ich nicht betrunken werde.« So trank ich etwa zwanzig Bier, einiges an Schnaps und kam fast nüchtern gegen Mitternacht nach Hause.

Als ich unsere Wohnung betrat, erkannte ich sie kaum wieder. Einer der Musiker vom Bauernhof war bei uns eingetroffen. Mit seinem einnehmenden Wesen hatte er unser Wohnzimmer nach seinem Geschmack auf den Kopf gestellt und dabei schon halb den Kühlschrank leer gefuttert. Augenscheinlich hatte er reichlich Hunger. Irene begrüßte mich mit einem leicht entnervten Gesicht, während seine Mimik sich in ein Strahlen verwandelte, als er mich sah. Schließlich hatte er sich abends extra auf den weiten Weg gen Süden gemacht, nur um mir eine Botschaft von Gott zu übermitteln.

Er legte gleich los: »Walter, Gott will dich gebrauchen. Er

will durch dich kaputte Leute erreichen, Leute von unserer Szene, Fixer und Ausgeflippte. Irene und du, ihr sollt aufhören zu arbeiten und eure Wohnung öffnen für die Leute, die er zu euch schicken will, damit ihr ihnen von Jesus erzählt.« Während er so locker diese umwerfenden Neuigkeiten losließ, spürte ich, das waren nicht seine Worte, es war Gottes Reden. Zur Bestätigung las er den Text aus Matthäus 6,19-34. Die Worte schlugen bei mir ein wie eine Bombe: »Sammelt euch Schätze im Himmel, denn wo euer Schatz ist, da ist euer Herz ... Ihr könnt nicht Gott dienen und dem Mammon ... Sorget euch nicht um euer Leben, was ihr essen und trinken werdet – seht die Vögel unter dem Himmel: sie säen nicht, sie ernten nicht ... und euer himmlischer Vater ernährt sie doch. Schaut die Lilien auf dem Felde an, wie sie wachsen. Wenn Gott das Gras auf dem Felde so kleidet, ... sollte er das nicht vielmehr auch für euch tun, ihr Kleingläubigen? ... Euer himmlischer Vater weiß, daß ihr all dessen bedürft. Trachtet zuerst nach dem Reich Gottes und nach seiner Gerechtigkeit, so wird euch Gott alles, was ihr zum Leben braucht, hinterherwerfen.«

Prompt tauchten in mir lauter Fragen auf. Statt Glaube wuchs Zweifel: Wie soll das gehen, wenn wir nicht arbeiten? Wo wird das Geld herkommen? Wie werden wir versorgt werden? Würde am Ende des Monats vom Himmel ein Strick wie von Geisterhand heruntergelassen werden, mit einem großen Korb voller Schecks für Miete, Autoversicherung, Benzin und Lebensmittel?

Und vor allen Dingen: Konnte ich mir unter diesen Umständen meine heißgeliebten LPs noch leisten? Außerdem packte mich ein wahrer Horror davor, anderen auf der Tasche zu liegen. Ich wollte nicht schmarotzen und anderen den Kühlschrank leer essen. Doch unser Freund meinte gelassen: »Walter, mach dir keine Probleme. Gott wird euch versorgen!« »Ja, und wann sollen wir damit anfangen?« wollte ich wissen. »Sofort! Am besten, ihr kündigt am Montag und fangt auf der Stelle damit an«, entgegnete er mir.

Jetzt reichte es! Das ging zu weit! Eine ungeheure Aggression stieg in mir hoch, und ich drohte unserem ungebetenen Gast an, daß ich ihn rausschmeißen würde, wenn er weiterhin so einen Stuß redete. Um nichts in der Welt wollte ich mich auf so einen hirnverbrannten Quatsch einlassen. Dummerweise bohrte in mir die Gewißheit, daß es nicht seine »hohen« Gedanken, sondern der Wille Gottes war.

Doch wiederum verschloß ich mich gegen das Reden des Heiligen Geistes. Ich wollte nicht in Ungewißheit und Unsicherheit leben. Es überraschte mich, daß Irene offensichtlich überhaupt keine Probleme mit der ganzen Sache zu haben schien. Sie nahm es einfach an und war sogar bereit, am Montag zu kündigen. Ihre Reaktion machte mich um so wütender, und ich fühlte mich verraten.

Ich war sauer und gleichzeitig zutiefst von Gott überführt: Was hatte ich ihm nicht alles versprochen und für Angebote gemacht, hatte ihm doch ehrlich mein Leben gegeben, war bereit, mit ihm ganz neu zu beginnen, hatte auch noch überall dick mit ihm auf die Sahne gehauen . . . und nun schlotterte mir die Hose. Jesus erwartete von mir, daß ich wie Petrus, im Vertrauen auf sein Wort, einen Schritt aufs Wasser tat, und ich hatte Angst, jämmerlich abzusaufen. Die geforderte Entscheidung kostete mich etwas – sie hatte ihren Preis, und ich spürte mit jeder Faser meines Seins meine Feigheit. Ich erwies mich nicht als der Glaubensheld, der ich gerne gewesen wäre.

Vor mir tat sich die grundlegende Frage auf: Konnte ich Gottes Verheißungen vertrauen und es wagen, Jesus mein Leben bedingungslos mit Haut und Haaren zu übergeben? Konnte ich mich einfach nur um die Dinge seines Reiches kümmern – was auch immer das sein mochte, und erwarten, daß er ganz praktisch für mich sorgen würde?

Diese Herausforderung ließ mich nicht los. Die nächsten drei Tage und Nächte saß ich apathisch in einer Ecke unseres Wohnzimmers und starrte vor mich hin. An Bett und Schlaf war nicht zu denken, denn ich wälzte den erdrückenden Anspruch des Wortes Gottes samt aller meiner Zweifel und Bedenken von rechts nach links und von links nach rechts. Eins wußte ich genau: »Wenn du jetzt nicht konsequent bist, kannst du die ganze Sache mit Jesus vergessen.«

Meine Freundin kam am Montag freudestrahlend nach Hause. Sie hatte gekündigt. Ihre Konsequenz zog mich noch tiefer runter, denn ich schaffte es nicht, mich zu entscheiden. Es erinnerte mich fatal an die Taufgeschichte. Ich griff zur Bibel, um sie dann wieder wegzulegen. Sie gab mir nichts mehr. Ich versuchte es mit Beten ... es ging nicht. Mein Draht zu Jesus schien wie abgeschnitten, ich kam nicht zu ihm durch.

Wenn wir abends im Bett lagen und uns unterhielten, berichtete sie mir, was sie mit Jesus erlebte. Sie kam weiter. Und ich, ich konnte zu dem gar nichts sagen und redete mir ein: »Das ist alles Käse, es war doch nur ein Trip, wahrscheinlich Einbildung.« Doch das glaubte ich mir selbst nicht.

Aus Frustration und Rebellion wurde ich in den folgenden Wochen einige Male rückfällig, nahm LSD und rauchte verstärkt Haschisch. Aber es heiterte mich auch nicht auf. Selbst die Musik war nicht mehr das, was sie mal war. Über Jesus redete ich nicht mehr. Was hatte ich ungläubiger Thomas noch zu melden? In dem Augenblick, als es darauf ankam und Gott mich herausforderte, ihm zu vertrauen, versagte ich.

Ich überlebte die nächsten zwei Monate, ohne ganz von Jesus abzufallen. Was mich in dieser Zeit hielt, waren Erinnerungen an das, was ich mit ihm schon erlebt hatte. Er war in mein Leben getreten und da nicht mehr rauszukriegen.

Um der Entscheidung auszuweichen, wählte ich einen faulen Kompromiß und feierte krank. So blieb ich zu Hause und kriegte trotzdem mein Geld. Doch das konnte keine endgültige Lösung sein, denn nach einiger Zeit fiel mir beim besten Willen keine weitere Krankheit ein. In meiner Ratlosigkeit fragte ich einen Kumpel, ob er mir nicht mit unserer größten Suppenkelle eins auf die Hand donnern könnte. Ich malte mir aus, daß sich mit ein paar Wochen Gips die Antwort ein bißchen hinauszögern ließ. Aber in dem Moment, in dem ich den entschlossenen Ausdruck auf seinem Gesicht sah und die Kelle bedrohlich auf mich zusauste, verließ mich der Mut, und ich zog meine Hand blitzschnell zurück. Mit einem riesigen Knall landete der Löffel auf der Tischplatte. Die Kelle war so verbeult, daß man sie nur noch wegschmeißen konnte.

Es blieb mir nichts anderes übrig, als wieder arbeiten zu gehen. Um mich nicht entscheiden zu müssen, drehte ich den Spieß herum und forderte Gott heraus: »Herr, wenn du unbedingt willst, daß ich aufhöre zu arbeiten, sollen sie mir in der ersten halben Stunde kündigen!« – Um 7.00 Uhr fing ich an zu arbeiten. Um 7.28 Uhr fühlte ich mich bereits vollkommen siegessicher, daß sich dieser Konflikt doch als ein selbsterdachter Flop entpuppen würde. Um 7.29 Uhr stand der Betriebsleiter unvermittelt vor mir: »Heidenreich, Sie sind entlassen! Wir haben Sie hier über Jahre mit durchgezogen. Mit Ihrem ständigen Blaumachen und Krankfeiern können wir uns Sie nicht länger leisten. Sie können gehen.«

Voller Empörung und ehrlich entrüstet wandte ich mich an den Betriebsrat. Kaum begann ich mich lautstark aufzuregen, durchfuhr es mich: »Walter, was machst du da? Das ist doch Gottes klare Antwort!«

Ohne Arbeit fühlte ich mich gleichermaßen glücklich und unglücklich. Es war sonderbar, hätte mich früher jemand aufgefordert: »He, hör auf zu arbeiten, wir machen irgendein Ding« sofort wäre ich dabei gewesen! Ich hatte mir nie um mein Überleben Sorgen gemacht, wo ich schlafen würde und Geld herkriegte. Meine Parole lautete: »Es wird schon irgendwie gehen«. Und tatsächlich war es immer irgendwie gegangen. Scheinbar fiel es mir leichter, dem Teufel zu glauben als Jesus.

Wir besaßen noch ein paar hundert Mark, und ich nahm mir vor: »So, die werden wir jetzt eisern sparen!« Die einzige legale Einnahmequelle, die uns blieb, bestand im Handel mit Schallplatten, die wir günstig bezogen und für ein paar Mark teurer weiterverkauften. Aber leben konnte man davon nicht. Unsere Reserven würden bald von Miete und KFZ-Versicherung aufgebraucht sein, und damit mußte es konkret werden. Gespannt wie ein Flitzebogen wartete ich, wie es weitergehen würde.

Als ich an diesem Nachmittag den unerklärlichen Drang verspürte, in die Schauburg zu gehen, glaubte ich zunächst, daß es der Teufel sei, der mich zu den alten Orten zurücklockte. Ich mied eigentlich die alten Treffpunkte, denn was sollte ich in diesen Bahnhofshallen, da war sowieso nichts los. Aber unerklärlich zog es mich dorthin.

Das städtische Jugendzentrum war ein farbloser Schuppen, in dem sich der Überrest der Szene traf und der viele Jugendliche beherbergte, die dabei waren »einzusteigen«.

Nach einigem Zögern gab ich nach und ging hin. Es war so öde, wie ich es mir vorgestellt hatte. Die Leute hingen rum mit ihrem Bier und ihrer Cola. Sie kifften, rauchten, einige tanzten wie wild. Was hatte ich hier eigentlich zu suchen?

Als ich gelangweilt im Raum herum schaute, sah ich einen alten Bekannten, der ebenfalls mit Schallplatten handelte und mit dem ich in der Vergangenheit einige Joints durchgezogen hatte. Er kam auf mich zu und ich beschloß: »Am besten fackel ich erst gar nicht lange rum, sondern erzähle ihm gleich was von Jesus.« Gesagt, getan. Interessiert hörte er mir zu. Nun glaubte ich zu wissen, daß Gott mich hierher gedrängt hatte. Sein Plan wollte, daß sich der Typ bekehrte. Doch trotz scheinbarem Interesse ergab sich kein Ansatzpunkt – es »klickte« nicht.

Während ich versuchte, meine Argumente mit Überzeugung an den Mann zu bringen, gesellte sich ein Jugoslawe dazu. Außer daß ich mal gelegentlich mit ihm zusammen Haschisch geraucht hatte, gehörte er nicht unbedingt in meine Kreise. Er zählte zu den »softeren« Typen auf der Szene. Aber immerhin konnte er sich an guter Musik und einem schönen Joint erfreuen. Man nannte ihn Nesh.

Er fädelte sich in unser Gespräch ein und hörte uns zu. Obwohl ich nichts gegen ihn hatte, sah ich in diesem Augenblick eine Bedrohung in ihm. Weil ich eigentlich meinen Fisch kurz vor der Angel wähnte, machte mich dieser Nesh etwas nervös. Und tatsächlich ließ uns mein vermeintliches Bekehrungsopfer bald mit einem kurzen Gruß stehen.

»So eine Scheiße, jetzt hat der Teufel es wieder geschafft, jemanden davon abzuhalten, eine Beziehung mit Jesus einzugehen. Wäre mir dieser Jugoslawe bloß nicht in die Quere gekommen ...« Ich versuchte, mir meine Frustration nicht anmerken zu lassen. Unsere Unterhaltung plätscherte dahin: »Wie geht es dir eigentlich so?« wollte er wissen. Ich muß sehr überzeugend »Gut« geantwortet haben. Denn er meinte »Wie – gut? Was machst du denn zur Zeit? Wovon lebst du?« »Von Gott!« Auf diese seltsame Antwort hin sah er mich an wie ein kaputtes Auto: »Hast du einen guten Job?« »Nee, ich habe aufgehört zu jobben. Ich lebe jetzt von Gott.« Er hakte weiter nach: »Hast du eine gute Connection für Stoff.« »Nein«, erwiderte ich mit Nachdruck, »ich lebe von Gott.« Das machte ihn neugierig, und er wollte unbedingt mehr wissen. Daraufhin nahm ich ihn mit in unsere Wohnung.

Er lud mich ein, mit ihm einen Joint durchzuziehen. Wenn ich ihn auf diese Weise für Jesus gewinnen konnte, warum nicht, dann rauchte ich halt mit. Sein Name beeindruckte mich schwer: Nesh – das klang nach was. Er erinnerte mich an die Kultband Crosby, Stills, Nash and Young.

Bis weit nach Mitternacht erzählten Irene und ich ihm von unseren Erfahrungen mit Jesus. Er stellte tausend Fragen, und wir antworteten, so gut wir konnten, wie eine endlose

Kette ergab eine Frage die nächste. Wir drehten uns im Kreis, und es lag offensichtlich an Nesh, einen Schritt auf Gott zuzugehen. Als er schließlich einwilligte: »Okay, dann will ich Jesus jetzt kennenlernen«, beschlichen mich doch einige Bedenken: »Oh, oh, oh, das geht aber zu einfach! Hat er wirklich begriffen, worum es geht?« Da er aber ernsthaft entschlossen schien, erklärten wir ihm unser einziges Konzept: »Du mußt beten.« Bisher hatten wir uns keine großen Gedanken darüber gemacht, wie man jemanden zu Jesus brachte, denn es hatte uns noch niemand danach gefragt.

Wir erzählten ihm, wie es bei uns funktioniert hatte, und erneut fiel uns das Wort ein: »Wo zwei oder drei in meinem Namen versammelt sind, da bin ich mitten unter ihnen.« So verließ ich mich darauf, daß, wenn wir beteten, er schon spüren würde, daß Jesus da war. Ich motivierte ihn: »Wir werden beten. Wenn du spürst, daß Jesus da ist, fang an, mit ihm zu reden, und dann gibt er dir ein neues Leben.«

Über die Maßen angespannt, kamen mir die ersten Worte über die Lippen. Ich betete sehr lange, weil ich wollte, daß er sehr lange Jesus spürte. Nach Irenes Gebet hielt ich die Luft an – ob Nesh wohl fühlte, daß Jesus im Raum war – und würde er beten? Plötzlich hörte ich seine Stimme, und an der Art, wie er redete, merkte ich, daß alles klar war: Jesus begegnete ihm.

Trotzdem blieb ich ein bißchen mißtrauisch. Konnte es so einfach sein? Vorsichtshalber gab ich ihm, als er ging, ein paar wichtige Bibelverse mit auf den Weg. Zwar versprach er, am nächsten Tag vorbeizukommen, aber mich beschlich die leise Befürchtung, ihn nie wiederzusehen.

Der nächste Tag kam – und wer stand früh am Morgen vor unserer Tür: Nesh. Von da an war er öfter bei uns als zu Hause.

Nach dieser erfolgreichen Aktion entwickelten wir einen hoffnungsvollen Tatendrang. Nesh war nur der erste. Weitere würden folgen, die sich durch uns zu Jesus bekennen würden. Endlich begannen die Worte Realität zu werden, die der Musiker von der Farm in jener Nacht in unser Leben gesprochen hatte, und mein nicht ganz freiwilliger Gehorsam trug Frucht. Glich unsere Wohnung schon seit längerem einem Bienenstock, weil ständig Freaks bei uns ein und ausgingen, so würde sie nun erst recht bevölkert werden von denen, die sich bekehren wollten.

Weltweit brach eine regelrechte Jesusbewegung unter den Hippies auf. In den USA und überall in den subkulturellen Mekkas kamen die Aussteiger reihenweise zu Jesus, und der Geist Gottes befreite sie von Drogen und Okkultismus. Namhafte Zeitungen brachten ellenlange Artikel mit riesigen Schlagzeilen über Massentaufen im Ozean. Überall entstanden Gemeinschaften und Jesus-Kommunen mit der Ausrichtung, so miteinander zu leben, wie es von den ersten Jüngern in der Apostelgeschichte berichtet wurde. Alles gehörte ihnen gemeinsam, sie teilten ihr alltägliches Leben miteinander, beteten, lasen die Bibel und kümmerten sich um Arme und Einsame.

Als diese Bewegung geboren wurde, wußte man, wer sie gezeugt hatte. Gott war dabei, eine Antwort zu geben auf die unzähligen Fragen nach dem Sinn des Lebens, die so viele Suchende an den Rand des Todes führten. Diese Antwort kam direkt aus dem Herzen Gottes, dem es unerträglich war zu sehen, wie so viele seiner wertvollen Geschöpfe ins Unglück rannten. Irene und ich fühlten uns eins mit dem, was er weltweit kreierte. Wir waren ein kleines Steinchen in dem wunderschönen vielfältigen Mosaik, das sich um den ganzen Globus spannte.

Wir träumten von einem Haus, das groß genug war, um die aufzunehmen, die zu uns kamen. Von der engen Gemeinschaft versprachen wir uns ein konsequenteres und einfacheres Vorankommen im Glauben. Gemeinsamkeit machte stark. Außerdem setzte sich die zerstörerische Droge Heroin inzwischen so weit durch, daß wir immer öfter mit Junkies konfrontiert wurden, und wir ahnten, daß sie intensivere Gemeinschaft brauchen würden, um frei zu werden.

Getrieben von diesem Traum, fuhren wir Richtung Hannover in der festen Überzeugung, daß Gott uns ja übernatürlich zu dem richtigen Haus leiten konnte. Der Traum verschwand im Qualm unseres Wagens, als mitten auf der Autobahn der Motor anfing zu brennen. Statt nach einem Haus waren wir jetzt gezwungen, nach einer Werkstatt zu suchen, die sich auch bald fand.

Da wir im Glauben losgefahren waren, hatten wir mit einer solchen Panne nicht gerechnet. Nesh hatte als einziger Geld in der Tasche. Wie selbstverständlich teilte er es mit uns, kaufte Zugfahrkarten und zahlte das Taxi. Spät in der Nacht tauchten wir auf dem Bauernhof auf.

Frustriert erzählten wir von unserem Mißgeschick. Wir waren so überzeugt gewesen, in Gottes Plan zu sein, warum tat er jetzt kein Wunder und ließ sogar zu, daß unser Auto kaputt ging?

Am nächsten Tag trampten wir deprimiert nach Iserlohn zurück. Zu meiner Enttäuschung mit dem Haus kam nun noch der Frust mit dem Wagen. Ich befand mich in Iserlohn, mein Auto sich in der Nähe von Hannover in einer Werkstatt. Nach einem Anruf erfuhr ich, daß die Reparatur vierhundertachtzig Mark kosten sollte. Mir blieb nichts anderes übrig, als für die Summe zu glauben. Nach einer Woche hielt ich das Geld in den Händen. So fuhr ich einigermaßen versöhnt los, um den Wagen abzuholen. Kaum fuhr ich auf die Autobahn, fing er an zu stottern und verreckte wieder. So ein Mist!

Ich hing ungemein an meinem Auto und konnte mir ein Leben ohne die Unabhängigkeit, die es mir ermöglichte, nicht vorstellen. Stinksauer auf Gott trotzte ich: »Warum läßt du das zu?« Hatte ich mich ihm doch völlig anvertraut, und jetzt sorgte er nicht einmal dafür, daß mein Auto fuhr. Durch meine Wut hindurch vernahm ich eine leise Stimme:

»Ich will nicht, daß du dich an irgend etwas bindest, gib das Auto mir.« Nach einem verzweifelten Kampf wußte ich genau, wenn ich jetzt nicht gehorchte, konnte ich meinen ganzen Glauben gleich an den Nagel hängen.

So schleppte ich die kaputte Karre zu einem Renaulthändler zum Verschrotten. Was sollte es? Ich hatte den Weg gewählt, in totaler Abhängigkeit von Gott zu leben, jetzt wollte ich ihn auch mit letzter Konsequenz gehen.

Ein paar Tage später – ich hatte inzwischen meinen Frieden wiedergefunden – kam ein Bekannter, ein Autonarr, bei uns vorbei. Er bemerkte sofort, daß ich keinen Wagen mehr besaß, und wollte wissen, was los sei. Im Brustton der Überzeugung behauptete ich, keinen mehr zu brauchen, und zwar wegen Jesus.

Doch er ließ mir keine Ruhe und wollte die Rechnung für die Reparatur sehen. Sein geschultes Auge erkannte sofort, daß die Werkstatt Pfusch gebaut hatte. Er rief sie an, machte Druck und erreichte damit, daß sie den Wagen kostenlos nochmal reparierten.

So hatte ich nach einigen Wochen wieder ein Auto, mit vollständig überholtem Motor, das super lief. Gott wollte mich testen, ob ich bereit war, auch das loszulassen, was mir am kostbarsten schien.

Nesh ging mit uns im Glauben vorwärts und machte seine eigenen Erfahrungen mit Jesus. Für ihn war es »die« Gebetserhörung, als er »die« Frau kennenlernte. Sie hieß Sylvia und bekehrte sich bald darauf.

Von nun an war unsere Wohnung ständig bevölkert. Die Leute gaben sich gegenseitig die Klinke in die Hand. Jeder wollte sehen, was bei uns ablief. Gott hatte eine Offensive gestartet, unsere Stadt mit seiner Liebe zu erreichen.

Jesus Is Just Alright . . .

Es war wie eine entkorkte Sektflasche, die man vorher ordentlich geschüttelt hatte: Die Erweckung sprudelte nur so hervor, die Ereignisse überschlugen sich.

Eines Abends saßen wir in unserer Wohnung und hörten draußen ein lautes Geschepper. Jemand rüttelte wie wild an unserem eisernen Hoftor. Als wir aus dem Fenster blickten, sahen wir zwei Gestalten, die gerade versuchten, das Tor zu erklimmen. Ich ging runter, um nachzusehen, was das sollte. Es waren zwei Junkies, die unbedingt zu uns wollten. In unserer Wohnung zogen sie ihre Handschuhe aus und leerten ihre Taschen. Dabei erklärten sie zitternd, was sie zu uns trieb. Sie befanden sich auf dem Weg, in eine Apotheke einzubrechen, denn sie schoben einen Turkey und brauchten dringend Stoff. Als sie dabei an unserem Haus vorbeikamen, ließ einer von ihnen in einem Nebensatz fallen: »Da oben wohnen die bekloppten Jesus-People.« Der andere Fixer war daraufhin nicht fähig, nur einen Schritt weiterzugehen: »Mit denen muß ich reden.« So standen sie in unserer Küche und packten ihr Einbruchswerkzeug und ihr Fixerbesteck auf den Tisch. Wir schafften es, einen von beiden zu überzeugen, daß Jesus ihm helfen konnte, und er betete.

»Sonderangebot: Weißkohl für 90 Pfennige das Kilo«, las ich eines morgens in der Zeitung. Das schien mir äußerst günstig, und so ging ich los und investierte die paar Mark, die ich in der Tasche hatte, in Berge von Kappes. Das würde für ein paar Tage die hungrigen Mäuler stopfen. Als ich aus dem

Laden trat, fiel mein Blick auf einen jungen Tramper, der am Straßenrand stand. Ich lud ihn zum Essen ein, und er ging mit in unsere Wohnung. Bei so viel Kappes kam es auf einen weiteren Esser nicht an. Er kam aus Bremen und war auf dem Weg nach Spanien. »Ich hab die Schnauze voll. Nach einem Krach mit meiner Frau bin ich abgehauen. Meine Familie, meine Frau, die Kinder, mir reicht's«, seufzte er deprimiert.

Inzwischen war das Essen fertig, und nach unserer Gewohnheit setzten sich die, die gerade da waren, an den Tisch. Einer nach dem anderen dankte ausgiebig. Vor allem vor warmen Mahlzeiten beteten wir mit viel Nachdruck. Wir empfanden intensiv, daß alles, was wir zu essen hatten, von Gott kam. Seine Gegenwart war jedesmal sehr stark und das Essen anschließend jedesmal sehr kalt. Egal, Hauptsache, wir waren gesegnet.

Der Tramper überwand ziemlich schnell seinen ersten Schock. Neugierig wollte er wissen, wer wir waren und was wir taten. Er muß so beeindruckt gewesen sein, daß er sich öffnete und sich bekehrte. Noch am gleichen Nachmittag stieg er in die Badewanne, um sich taufen zu lassen. Anschließend machte er sich auf den Weg zurück in den Norden, um sich mit seiner Familie auszusöhnen.

Mittlerweile gehörte es für uns zum normalen Anfang einer Beziehung zu Jesus, daß man sich taufen ließ. Für uns galt als unumstößlich: »Es ließen sich taufen alle, die gläubig geworden waren.« Diese Taufpraxis bildete auf der Szene den besten Nährboden für die wildesten Gerüchte. So ging der Spruch um: »Wenn du zu Walter und Irene gehst, lassen sie dich nicht los, es sei denn, du läßt dich vorher von ihnen durch die Badewanne ziehen.«

Im Frühjahr 1974 starb meine Mutter. Obwohl ich Gott bedrängte, heilte er sie nicht. Mehr als einmal lag ich ihm in den Ohren: »Wenn du sie sterben läßt, werde ich das nicht überleben, dann falle ich ab.« Traurig beobachtete ich, wie sie in den letzten Monaten verfiel. Zum Skelett abgemagert, konnte sie nicht mehr aufstehen, und ihr Rücken war vollkommen durchgelegen. Eine Gemeindeschwester kam inzwischen jeden Tag, um sie zu versorgen, denn mein Vater war zu erschöpft von der jahrelangen Pflege.

In ihrem Leiden blieb meine Mutter eine wahre Ermutigung. Sie klagte nicht, sondern tröstete uns, so gut sie es vermochte, und verwies dabei auf Jesus. Bevor sie starb, richtete sie sich im Bett auf, erhob die Arme, und mit einem Lächeln auf dem Gesicht sagte sie: »Endlich kommt Jesus, er holt mich ab.« Danach fiel sie friedlich zurück. Mich berührte das sehr tief. Anstatt abfallen zu wollen, ermutigte es mich eher, konsequent weiterzugehen. Zum erstenmal wurde mir deutlich bewußt: Jesus war nicht nur der Herr des Lebens hier auf Erden, sondern auch der Herr über den Tod und die Ewigkeit.

Meine Mutter hatte vor ihrem Tod ihre eigene Beerdigungsansprache verfaßt. Der Pfarrer las sie vor, und die Botschaft lautete: »Seid nicht traurig, ich bin jetzt bei Jesus, zu dem ich immer hin wollte ...« Sie forderte durch diesen Brief die Trauergäste auf, ihr Leben Jesus zu geben, damit sie wüßten, wo sie hingingen, wenn sie sterben würden. Die Beerdigung war ein Zeugnis zur Ehre Gottes.

Der Tod meiner Mutter brachte mich wieder etwas enger mit meinem Vater zusammen. Obwohl die Unterschiede in dem, was wir glaubten, offener zutage traten. Er war mittlerweile Präsident einer Mormonen-Gemeinde, und ich ging ganz in der Herausforderung auf, in die Gott mich stellte.

Die Leute um Irene und mich herum kamen zum Glauben. Wir taten alles überaus spontan und ohne jedes Programm. Die Freaks kamen zu uns, oder wir gingen zu ihnen, und wir hatten nur ein Thema drauf: Jesus, Jesus, Jesus ... die gesamte Iserlohner Szene war inzwischen durchdrungen von Jesus.

Gott versorgte uns wunderbar. Woher das Geld zum Leben eigentlich kam, wußten wir nicht so genau. Mal guckten wir unter eine Blumenvase und fanden darunter ein paar Scheine, dann blätterten wir in einem Buch, und fünfzig Mark fielen heraus. Ein anderes Mal zeigte unser Konto unerwartet »Haben«, und wir wußten nicht, wer die Knete eingezahlt hatte, oder jemand drückte uns einfach ein paar Mark in die Hand.

Zu unseren größten Kontrahenten zählten die Kommunisten. Immer wenn sie unsere Wohnung erstürmten, machten sie ein riesiges Theater und verabschiedeten sich mit den drohenden Worten: »Wir kommen wieder!« Sie hielten ihr Versprechen. Sie kamen laufend wieder, um mit uns zu diskutieren. Dabei hauten sie uns ihre kommunistische Ideologie rechts und links um die Ohren, und wir konnten ihnen mit Argumenten kaum etwas entgegensetzen. Um sie mundtot zu machen, stellte ich auf dem Höhepunkt einer solchen fruchtlosen Diskussion fest: »Hört mal, Leute, was ihr im Kopf habt, das setzen wir in die Tat um. Schließlich leben wir hier zusammen, und alles gehört uns gemeinsam und Gott.«

Daraufhin stellten sie mich auf die Probe: »Gut, wollen wir mal sehen, wie weit eure christliche Selbstlosigkeit geht. Wir nehmen fürs erste eure tolle Stereoanlage und die gesamte Schallplattensammlung mit.«

Sie saßen da, grinsten frech und warteten, wie ich auf ihre Provokation reagieren würde. Es traf mich schon an meiner empfindlichsten Stelle, ganz abgesehen von dem immensen Wert der Dinge. Bereit, diesen Preis zu zahlen, um die Ernsthaftigkeit meines Christseins zu unterstreichen, holte ich die Platten aus dem Regal und fing an, die Anlage abzubauen. Ungläubig sahen mir die Kommunisten bei meiner Aktion zu, bis einer meinte: »He, was machst du denn da?« »Ich packe euch die Sachen ein«, entgegnete ich. »Wir brauchen den Plunder nicht, wir sind frei von materiellen Dingen.«

Der Schock stand ihnen im Gesicht geschrieben. »Moment, Moment, jetzt mach mal halblang«, stammelte einer von ihnen, »das wird uns hier aber ein bißchen zu mystisch.«

Fast fluchtartig verließen sie unsere Wohnung, nicht, ohne anschließend dem Fantasia einen Besuch abzustatten und überall rumzuerzählen, wie sie es uns gegeben hätten.

An einem Abend kamen wir nach Hause. Auf der Treppe vor unserer Wohnungstür saßen etwa zwanzig Kommunisten. Sie wollten »mit uns sprechen« und sahen nicht besonders wohlwollend, sondern eher kampfeslustig aus. Ich wußte nicht genau, ob ich überhaupt Lust verspürte, mich mit ihnen anzulegen, denn ihre Dreistigkeit ging mir mächtig gegen den Strich. Irene allerdings versetzte mich in Erstaunen. Sie schloß die Tür auf und lud sie ein: »Kommt doch rein, ich mach euch erst mal einen Kaffee.«

Diese Freundlichkeit war die Nadel, die der Aufgeblasenheit der Kommunisten augenblicklich die Luft rausließ. Wir führten an diesem Abend viele gute Gespräche über Jesus, und am Ende bekehrte sich eine Frau. Ein Mann bekam ebenfalls einen kräftigen Denkanstoß und entschied sich einige Zeit später. Die Kommunisten hatten Pech mit uns, denn es passierte ständig genau das Gegenteil von dem, was sie eigentlich beabsichtigten.

Ein Genosse fiel uns besonders auf. Er wirkte meist sehr zynisch und verbittert und war ein echter Intellektueller. Bert machte es offensichtlich großen Spaß, sich mit uns herbe ideologische Wortgefechte zu liefern und uns zu provozieren. Seinen aggressiven Fragen über das Christentum konnte man nur wirksam entgegentreten, wenn man ehrlich, offen und ein wenig naiv aus dem eigenen Leben mitteilte. Das entwaffnete ihn. Sein großes Problem bestand darin, daß es in seinem Leben nichts »Unkompliziertes« gab. Sprachlos hörte er zu, als wir ihm ausmalten, was sich in den letzten Monaten ereignet und wie Gott uns durch sein persönliches Eingreifen befreit hatte.

Von Mal zu Mal interessierte sich Bert mehr für das, was bei uns so ablief. An seinem Geburtstag unternahm er gezielt einen gewagten Schritt. Er lud uns zu seiner Feier ein, um eine bewußte Auseinandersetzung zwischen seiner kommunistischen und unserer christlichen Kommune zu provozieren. Es kam, wie es kommen mußte, vom ersten Augenblick an ging es ausschließlich um Jesus. Eine Mords-Debatte entbrannte, und Bert entpuppte sich als der wortgewandteste Verteidiger des Christentums. Spät am Abend kamen ein paar Nachzügler. Als sie realisierten, daß die Leute überall rumsaßen und nur über Jesus diskutierten, brüllte einer laut und empört durch den Raum: »Scheiße! Wo sind wir denn hier gelandet, hört man denn hier gar nichts anderes als Jesus?«

Im Morgengrauen machten wir uns müde, aber erbaut auf den Heimweg. Zurück blieben ein paar völlig entnervte und ins Schleudern geratene Kommunisten.

Am Sonntag darauf tauften wir einige Neubekehrte. Der an allem interessierte Bert kam auch, um sich die Zeremonie anzuschauen. Offenbar sehr angesprochen von der Atmosphäre der Taufe und der Freude, die die Täuflinge ausstrahlten, eröffnete er uns bewegt: »Ich möchte mich auch taufen lassen!« Wir waren etwas verdutzt und stoppten seinen Enthusiasmus: »Nun mal langsam ... erst kommt die Bekehrung zu Jesus, und dann kommt die Taufe.«

»Okay«, meinte Bert, »ich will mich zu Jesus bekehren. Was muß ich tun?« »Beten!« So beteten wir, und er übergab sein Leben Jesus. Der anschließenden Taufe stand nichts im Wege.

Diese spontane Handlung brachte einige Konsequenzen mit sich. Seine Geliebte verließ ihn, weil sie nicht mit einem frommen Idioten zusammenbleiben wollte, und auch die Genossen in seiner kommunistischen Kommune reagierten äußerst sauer auf seine Entscheidung. Schließlich war er einer ihrer Anführer gewesen, und jetzt verriet er sie schmählich. Nach vielen Querelen und weiteren Bekehrungen zerbrach die WG, und Bert zog zu uns.

Jesus brachte mächtig Bewegung in die Szene. Einmal kam

ich in eine Wohngemeinschaft, in der die Angestellten der Fantasia-Discothek wohnten. Sie erwarteten gerade einen Versicherungsvertreter zum Beratungsgespräch. Als der Klinkenputzer kam, ergriff ich selbstsicher das Wort und behauptete: »Wir brauchen Ihre Versicherung nicht, wir haben etwas Besseres.« »Aber was Billigeres als unser Angebot werden Sie bestimmt nicht finden. Den zeigen Sie mir mal, der das billiger macht als wir«, beteuerte er. Daraufhin entgegnete ich in noch überzeugterem Ton: »Jesus ist unsere Versicherung!«

Keiner von den im Raum Anwesenden außer mir war bekehrt. Der Mann schaute mich an, als wäre bei mir eine Schraube locker. Er verließ fluchtartig die Wohnung. Auch die Bewohner sahen mich an, als würde bei mir etwas nicht stimmen. Der Discjockey stellte mich erbost zur Rede, und schon befanden wir uns im eifrigsten Gespräch über Jesus. Kurz darauf bekehrte er sich, mit dem Resultat, daß von da an im Fantasia des öfteren »Jesus is just alright« von den Byrds zu hören war und die Discothek eine ungeheure Anziehungskraft auf die Christen ausübte. Außer »I found the Lord in the country« von Vanilla Fudge war das der einzige sogenannte christliche Song, der unseren Aufbruch begleitete. Leider teilte der Rest des Publikums nicht unsere wachsende Begeisterung für das unentwegte Hören dieser zwei Stücke, und der bekehrte Discjockey wurde kurzerhand gefeuert.

Daraufhin übernahm sein Freund seinen Job, bekehrte sich, und die Geschichte nahm ihre Fortsetzung. Nachdem auch er entlassen wurde, kam ein dritter Discjockey auf den Plan, bekehrte sich, und die Geschichte ging von vorne los. Der Besitzer, komplett entnervt, kam ebenfalls nicht an einer Konfrontation mit dem Evangelium vorbei. Leider ließ er sich nicht überzeugen und mußte bald darauf seinen Schuppen schließen.

Die drei Discjockeys bereicherten unsere Gemeinschaft um einige Orginalitäten. Nummer Eins neigte gelegentlich zu Trotz. Wenn der Herr eine andere Meinung vertrat als er, zog er die langen Haare wie eine Gardine vor dem Gesicht zusammen, ließ seinen Kopf hängen und gab sich unerreichbar. Nummer Zwei galt als etwas kompliziert, aber über ihn freute ich mich schon deshalb, weil er der Fisch war, der mir damals in der Schauburg so kurz vorm Haken entwischt war. Nummer Drei kam aus der DDR. Nach einer spektakulären Flucht lebte er mit seiner ganzen Habe, einem Schlafsack und einer Gitarre, auf der Straße.

Da unsere Wohnung aus allen Nähten platzte, und so sehr wir uns auch um ein Haus bemühten, keins in Sicht war, entschlossen sich diese drei, eine neue christliche Wohngemeinschaft zu gründen. Sie entwickelte sich bald zu einem zweiten Treffpunkt, auch hier gingen die verschiedensten Leute in Scharen ein und aus.

Die lustigsten Dinge waren an der Tagesordnung. Im Jugendzentrum kamen zwei Teenie-Mädchen recht aufgelöst auf mich zugerannt und fragten mich verschreckt: »Walter, Walter, stimmt das, was Markus behauptet, daß die Welt bald untergehen wird?« Markus lief mit der Zeitung und der Bibel gleichzeitig 'rum, und wenn er in der Boulevard-Presse von Kriegen und Naturkatastrophen las, brachte er das sofort mit den endzeitlichen Reden des Neuen Testaments in Verbindung und ging damit hausieren. Er war darin außerordentlich extrem, und zu seinen besonderen Vorlieben gehörte es, mit seinen apokalyptischen Horrorvisionen kleine Mädchen zu erschrecken. Immerhin bahnte er uns mit seiner speziellen Art ab und zu den Weg, daß wir mit dem einen oder anderen über die Wiederkunft Jesu sprechen konnten.

Unsere andere WG bekam eines Tages Besuch: Sie trugen grüne Uniformen, und unsere Jungs sahen recht schnell, daß es keine Förster waren, sondern Polizisten, die glaubten, auf einer ganz heißen Spur zu sein. Sie vermuteten, daß die Freaks jetzt unter einem frommen Deckmantel einen neuen Drogenumschlagplatz aufbauten. Aber das einzige, was sie bei ihrer Razzia fanden, blieben Bibeln und selbstgemachte Bibelsprüche an den Wänden. Der Besuch der Polizei wurde ausgenutzt, und unsere Jungs sprachen lange mit den Bullen über Jesus.

Überhaupt erregten wir inzwischen einiges Aufsehen in der Öffentlichkeit. In der Lokalpresse standen riesige Artikel: »Beten um Geld – ein Haus – ewiges Leben«, »Nur noch für Jesus leben«, »Jesus wohnt nebenan«. Ausgeschmückt mit vielen Bildern, überschlugen sich die Zeitungen, über unsere WGs wahre und unwahre Stories zu veröffentlichen. Selbst der Bürgermeister kam daraufhin vorbei und ließ wohlwollend hundert Mark da.

Was sich in unserer Wohnung abspielte, blieb auch unserem Hausbesitzer nicht verborgen. Die Zeitungsartikel klärten ihn darüber auf, was in den Räumen, die er mir und Irene vermietete, eigentlich ablief. So zitierte er uns zu sich. »Au weia, was wird jetzt kommen? Womöglich fliegen wir hier raus, und alles hat ein Ende. Kein Haus, noch nicht mal eine Wohnung ...«, befürchtete ich. Dennoch empfanden wir, wir sollten nichts beschönigen, sondern dem Vermieter die Wahrheit sagen. Der coole Geschäftsmann fragte uns geradeheraus: »Ist es wahr, was ich in der Zeitung lese, daß meine Wohnung voller Hippies und Rauschgiftsüchtiger ist? Schließlich habe ich die Wohnung nur an euch beide vermietet, was ist hier eigentlich los?«

»Es ist genauso, wie Sie es sagen«, erwiderte ich kleinlaut und schilderte ihm unsere Geschichte. Dabei verschwieg ich ihm nichts. Am Ende war er sprachlos. »Okay«, lenkte er ein, »scheint ja eine ganz gute Sache zu sein. Die Leute können weiter zu euch kommen, sie dürfen sich nur nicht polizeilich anmelden.«

Diese Auflage konnten wir akzeptieren und waren begeistert, daß wir selbst unserem Hausbesitzer von der Liebe Gottes erzählen konnten. Das zählte für uns am meisten. Wir spürten erneut die Führung Gottes und stellten übereinstimmend fest: Wir brauchten keinen Menschen zu fürchten.

Der Heilige Geist gab uns im rechten Augenblick die richtigen Worte.

Das Leben mit Jesus war spannend, es gab Höhepunkte und Flops. Mit dem Ziel, viele alte Bekannte zu treffen, ging ich auf ein Schützenfest. Ich redete mir ein, es sei der ideale Ort, um sie mit dem Evangelium zu konfrontieren. Aber tief innerlich spürte ich, daß es nicht Gottes Willen entsprach und ich diesen Ort des Besäufnisses lieber meiden sollte. Trotzdem ging ich in eins der bayerischen Bierzelte, wo mir, wie erwartet, nichts anderes als Krach und Alkoholgestank entgegenkam. Die sturzbetrunkenen Leute schwoften auf den Tischen. Es war ätzend!

Aus der Menge kam ein Typ auf mich zugetorkelt, der äußerst wütend und aggressiv wirkte. Ehe ich mich versah, riß er mich am Kragen und würgte mich fürchterlich: »Was hast du mit meiner Frau gemacht? Jetzt ist sie auch so eine komische Heilige.« Langsam dämmerte es mir – er war der Ehemann einer Frau, die sich kürzlich bei uns bekehrt hatte. Als ich seine erhobene Faust auf mich zukommen sah, peinigten mich Zweifel: »Hoffentlich schaffe ich es, ihm auch die andere Backe hinzuhalten. Wie werde ich reagieren? Werde ich zurückschlagen . . .? Ein bißchen Technik habe ich ja!« Plötzlich fühlte ich keinen Boden mehr unter meinen Füßen und merkte erstaunt, wie ich weggehoben wurde. Vier mir unbekannte Männer gingen auf den Aggressor zu und schlugen auf ihn ein. Es gelang mir, ins Freie zu entkommen. Welch ein Desaster! Wie ein geprügelter Hund schlich ich nach Hause. Unterwegs flehte ich: »Jesus, vergib mir, vergib mir bitte meinen Ungehorsam!»

Im Bereich der Versorgung erlebten Irene und ich am eigenen Leibe Paulus' Aussage: »Ich kann reich sein und arm sein, ich kann satt sein und hungern. In allem lasse ich es mir genügen, wie ich es vorfinde.« So fanden wir auch eines Abends nichts anderes Eßbares vor als ein paar trockene

Brötchen, die wir in Wasser tauchten und an eisernen Stricknadeln über dem Gasherd rösteten. Das war das letzte, was unser Küchenschrank anbot. Ansonsten: gähnende Leere! Das einzige, was wir sonst hatten, war Gottes Zusage, uns zu versorgen, wenn wir zuerst nach seinem Reich trachteten. In dieser Nacht schliefen einige Leute in unserer Wohnung, und wir überlegten schon am Abend mit knurrendem Magen, womit wir am nächsten Mittag unseren Frühstückstisch decken sollten. Nach dem Aufstehen verfolgten uns skeptisch die hungrigen Augen unserer Mitbewohner, als wir das Geschirr auf den Tisch stellten. Schließlich gab es immer noch nichts zu essen. Ich gab mir Mühe, zuversichtlich zu klingen, als ich die anderen aufforderte, an den Tisch zu kommen: »Gott hat versprochen, daß er uns zu essen geben wird, also laßt uns danken.« So setzten wir uns vor unsere leeren Teller und dankten für unsere Fantasie-Brötchen ... noch während wir beteten, klopfte es an der Tür.

Sofort wußte ich, das mußte die Gebetserhörung sein. Ich ging zur Tür und öffnete. Dort stand eine kleine alte Frau. Sie konnte nicht sehr reich sein, das ließ sich an ihrer eher schäbigen Kleidung leicht erkennen. Aber sie strahlte mich an: »Guten Morgen! Wohnen hier die jungen Jesus Leute, die Hunger haben?« »Ja«, beeilte ich mich zu antworten, »das stimmt beides! Kommen Sie rein, kommen Sie rein!« Sie stellte ihre Taschen ab und erklärte uns, daß sie gerade ihre Sozialhilfe bekommen hatte und in einem Lebensmittelgeschäft gewesen war, um einzukaufen. Als sie an der Kasse stand, hörte sie, wie sich einige Frauen über ein paar sogenannte Jesus-Leute unterhielten, die wenig zu essen hätten. Die alte Frau hörte nur »... wenig zu essen«, faßte sofort einen Entschluß und ging in den Laden zurück, um ordentlich einzukaufen.

Sie fand unsere Adresse heraus, stand nun in unserer Küche und fing an, aus zwei Plastiktüten ihre Schätze auszupacken. Natürlich luden wir sie ein, mit uns zu frühstücken. Dabei teilte sie uns ein bißchen aus ihrem Leben mit. Auf ihre Art suchte sie nach Gott und hatte mehrmals zu verschiedenen Sekten Kontakt gehabt. So beteten wir mit ihr, und von da an war sie wie eine von uns.

Manchmal wurde es ganz schön hart für uns. Die Freaks kamen, wohnten bei uns und fraßen sich so durch. Anschließend gingen sie, niemand machte sauber, und keiner spülte. Sie benutzten unsere Wohnung, und sie benutzten uns. Wir sahen es als Gottes Auftrag an, aber ab und zu erschien uns dieser Auftrag ganz schön stressig. Selten waren wir alleine. Es konnte vorkommen, daß man das dicke Schild »privat« an unserer Schlafzimmertür übersah und wir nicht zu Bett gehen konnten, weil sich ein paar Typen in unserem Schlafzimmer auf der Erde niedergelassen hatten, um zu beten.

Unser Gemeinschaftsleben war nicht besonders organisiert, einen geregelten Tagesablauf kannten wir nicht. Wir lebten bei Nacht, aßen, wann es uns paßte, frühstückten gelegentlich zu Mittag, und das »Mittagessen« wurde auf den Abend verlegt. Mittlerweile verstanden Irene und ich, warum wir nicht arbeiten gehen sollten. Denn bei diesem unorthodoxen Lebensstil wäre das gar nicht möglich gewesen. Um Freaks zu erreichen, mußte man spätabends aktiv werden und bis in die Nacht hinein durchhalten, denn am Tag poften sie. Manche nahmen weiterhin in unserer Wohnung Drogen; ich hatte seit einiger Zeit sogar mit dem Haschischrauchen aufgehört.

Wenn wir zu Hause zu sehr unter Druck standen und uns der Trubel zuviel wurde, suchten wir ein bißchen Ruhe bei einem befreundeten Ehepaar auf dem Land. Als wir einmal von dort in unsere Wohnung zurückkehrten, war die Bude knackevoll. Wir zwängten uns zwischen die Leute, als uns plötzlich ein alter Bekannter von der Szene entdeckte und freudig überrascht ausrief: »Ach, Walter und Irene, seid ihr auch öfter hier?« Er wußte gar nicht, daß er gerade seine Füße unter unseren Tisch stellte und auf einem unserer Stühle saß.

Lobe den Herren . . .

Täglich forschten wir in der Bibel nach neuen Erkenntnissen. Dabei entdeckten wir, daß die wahren Gläubigen Gott den zehnten Teil ihres Einkommens als Opfer gaben im Vertrauen auf die Verheißung, daß er es ihnen zurückerstatten würde. Vielleicht sogar hundertfältig! Da es schwarz auf weiß geschrieben stand, war es für uns logisch, das auch zu praktizieren. Von dem Geld, was reinkam, und den anderen Dingen, die wir geschenkt bekamen, wurde gewissenhaft der zehnte Teil zur Seite gelegt. Manche waren in ihrer Ernsthaftigkeit so extrem, daß sie von ihrem Haschisch den Zehnten sammelten, um ihn einem anderen zu geben, der nichts hatte. Die ganz Gewissenhaften beteten vor jeder Wasserpfeife und jedem Joint und dankten Gott dafür, daß er sie mit diesem »Geschenk der Natur« so gut versorgte.

Eine weitere Erkenntnis unseres Studiums war das Abendmahl. Als wir uns das erste Mal entschlossen, es zu nehmen, schmückten wir unser Wohnzimmer und hielten vorher eine lange Gebetsgemeinschaft ab. Wir waren uns voll bewußt, daß wir durch diese Zeremonie Jesus in uns aufnahmen, und so überkam uns eine feierliche Stimmung. Jeder der Anwesenden erhielt einen dicken Kanten Brot und ein großes Glas Wein. Dadurch zog sich dieses Abendmahl unsagbar in die Länge. Aber das machte uns nichts aus, denn Jesus begegnete jedem von uns sehr persönlich. Außerdem drängte uns niemand, denn wir hatten sowieso nichts anderes zu tun, als unsere Zeit mit Gott zu verbringen.

Durch einen Zeitungsartikel auf uns aufmerksam geworden, platzte eines Tages ein gläubiger Lehrer unvermittelt in eine unserer Abendmahlsfeiern. Unsere Art und unsere Erscheinung verunsicherten ihn dermaßen, daß er sich fürs erste in eine Ecke drückte und sich mucksmäuschenstill verhielt. Nach ein paar Stunden kroch er aus seinem Versteck hervor und wagte, auch mal was zu sagen. Er fragte vorsichtig: »Warum singt ihr eigentlich keine Lieder?«

Auf die Idee waren wir noch gar nicht gekommen. Wer sang schon selbst, wo es doch die vielen guten Platten gab? Außerdem wäre Singen von Trallala-Liedchen unter unserem Niveau gewesen, denn schließlich hörten wir nur harte Rockmusik. Doch den Lehrer packte der Ehrgeiz, und er überzeugte uns von der Notwendigkeit des Singens. Angestachelt von seinem Erfolg, stimmte er einen Kanon an: »Laßt uns miteinander, laßt uns miteinander singen, preisen, loben den Herrn ...«

Bei manchen von uns stellte sich augenblicklich heraus, daß sie sich, ihrer Umwelt zuliebe, besser auf Plattenspielen beschränken sollten. Als der Typ dann noch versuchte, uns den Kanon in mehreren Gruppen singen zu lassen, war das Chaos perfekt. Am Ende lagen wir vor Lachen fast unterm Tisch und geierten uns kaputt. Nach einigen Versuchen, die immer in den gleichen Lachsalven explodierten, schmiß unser selbsternannter Meister beleidigt das Handtuch.

Bei der Auswahl, wer am Abendmahl teilnehmen durfte, entschieden wir knallhart. Nur die wirklich Erleuchteten wurden zugelassen. Wer nicht »durch« war, durfte das Mahl nicht nehmen.

Während der Vorbereitungen für eine solche Feier überraschten uns eines Abends zwei Freaks mit ihrem Besuch, die behaupteten, auch an Gott zu glauben. Doch wir trauten dem Braten nicht so ganz. Waren es Gläubige oder Heuchler? Einer von ihnen, drogenabhängig, hatte gerade einen Selbstmordversuch hinter sich. Wir beteten mit ihnen, schickten sie dann aber mit den hartherzigen Worten weg: »Wir wollen jetzt Abendmahl feiern, deshalb müßt ihr gehen.« Uns erschien dieser Schritt theologisch richtig.

Da wir die Kraft und Stärkung, die im Abendmahl lag, hautnah erlebten, fanden wir es selbstverständlich, unseren

Neugetauften diese einzigartige Segnung mitzugeben. Demzufolge gab es nach jeder Taufe eine ergreifende Abendmahlsfeier.

Ich entdeckte eine neue Quelle, von der ich mir erhoffte, daß sie meinen nie gesättigten Hunger, alles über Jesus und das Wort Gottes zu erfahren, stillen könnte: Zeltevangelisationen!

Der erste Prediger, den ich bei einer solchen Veranstaltung kennenlernte, eroberte im Sturm mein Herz. Wenn er über die Liebe des Vaters und über die Hingabe von Jesus redete, stand mir das in seiner Person greifbar vor Augen.

Mit so einem gesalbten Sprecher mußte ich unbedingt persönlich reden. Kaum war die Veranstaltung zu Ende, drängte ich nach vorne, stellte mich vor, und er schien sichtlich erfreut, mich kennenzulernen. Seine Warmherzigkeit berührte mich, und so konnte man mich von da an jeden Abend dort finden, und zwar ziemlich weit vorne. Von nun an schleppten Irene und ich viele Leute dorthin ab. Nicht selten bekehrte sich bei anschließenden Meetings in unserer Wohnung der eine oder andere. Nach einigen Abenden war das Zelt rappelvoll, und lauter langhaarige, zerzauste Freaks umlagerten die Kanzel. Sie saßen auf dem Fußboden vor der Bühne, und als sich da kein Platz mehr fand, auch auf der Bühne. Die Schilderungen des Evangelisten über die Entrückung und die darauffolgende Wiederkunft Jesu fesselten uns dermaßen, daß wir damit rechneten, jeden Augenblick von unseren Plätzen emporgerissen zu werden, um zum Himmel aufzufahren.

Regelmäßig marschierte ich nach den Veranstaltungen nach vorne, um meinen neuen Freund zu begrüßen. Am Ende der Woche war unsere Beziehung so herzlich, daß wir uns in den Armen lagen. Dabei hingen ihm meine langen Haare im Gesicht, und der Griff meiner Holzhaarbürste stach ihm in die Wange. Während ich mit ihm sprach, gesellte sich ein anderer Besucher zu uns und bemerkte mit einem

Blick auf den Tabak in meiner Jackentasche: »Wenn du richtiger Christ wärst, würdest du nicht rauchen.« Dabei kanzelte mich der Opa mit einem kleinkarierten Blick von oben bis unten ab. »Du blöder Bajuffe«, dachte ich und war tief verletzt. Der Evangelist nahm mich väterlich in den Arm und sprach zu dem Gesetzeskopf: »Hör mal zu, mein lieber Bruder, ihr sitzt hier jeden Abend, und viele von euch sind voller Sünde. Man sieht es nicht, aber man spürt es. Walter raucht, das stimmt. Aber er liebt Jesus, und der wird schon mit ihm zurechtkommen.«

Natürlich erzählte ich dem Evangelisten ausführlich mein Zeugnis. Aus Begeisterung über meine Geschichte ermutigte er mich, mein Leben aufzuschreiben. Er wollte dafür sorgen, daß es in der Werner Heukelbach-Missionsanstalt als Traktat veröffentlicht würde.

Zu solchen Zeltevangelisationen gingen unsere WGs nun des öfteren. Der nächste Evangelist malte sehr anschaulich die Geschichte vom verlorenen Sohn vor Augen. Das sprach uns an, weil wir uns ungemein stark mit diesem Sohn identifizieren konnten. Selbstveständlich wollten wir auch diesen Redner kennenlernen. Doch dieses Mal erwischte es uns eiskalt. Hatte der Mann oben auf der Kanzel durchaus warmherzig gewirkt, so fühlten wir uns jetzt regelrecht von ihm abgelehnt. Seine erste Frage lautete: »Welcher Gemeinde gehört ihr an?« Als wir ihn daraufhin verständnislos anstarrten, ordnete er uns sofort bei den »Children of God« ein. Da wir uns mit den »Children of God« nicht so genau auskannten, konnten wir nur abstreiten, etwas mit ihnen zu tun zu haben.

Um ihn doch noch für uns zu gewinnen, luden wir ihn ein, mit in unsere Wohnung zu kommen, in der Hoffnung, daß ihn unser gemeinsames Leben überzeugen würde. Er willigte ein, nahm aber zu seinem Beistand den Pastor und den Jugendleiter einer Gemeinde mit. Was sie bei uns vorfanden, verschlug ihnen förmlich den Atem.

Ihre Blicke musterten unsere weinrot und hellblau gestrichenen Wände, die mit mystischen Postern, Bibelversen, selbstgezeichneten religiösen Bildern, den Beatles und anderen Rockidolen verziert waren. Auf dem Tisch stand eine Wasserpfeife. Während die drei Prediger in unserem Musikzimmer unter den an die Wand gemalten Pegasuspferden Platz nahmen, löcherten sie uns mit Fragen, die ihnen anscheinend sehr grundlegend erschienen: »Seid ihr verheiratet? Oder lebt ihr hier einfach so zusammmen? Geht ihr arbeiten? Müßt ihr so aussehen? Ihr raucht ja noch!«

Wie recht sie hatten! Denn während ihres ganzen Besuchs stand Ali aus Somali, der gerade bei uns wohnte, total stoned im Türrahmen und rauchte einen Joint nach dem anderen. Die frommen Herren merkten nichts. Das Zimmer war voller Qualm, und sie hingen mehr neben unserem niedrigen Sofa am Boden, als daß sie darauf saßen, während sie uns weiter theologisch abklopften.

Wir wußten ihre kritischen Fragen kaum zu beantworten und verstanden absolut nur »Bahnhof«. Statt ihnen die gewünschten Antworten zu geben, überschütteten wir sie mit unseren Stories: wie wir Jesus erlebt hatten, wie wir aus dem Glauben lebten und so weiter.

Weit nach Mitternacht gingen die Herren mit vielen Fragezeichen auf der Stirn nach Hause. Einige Zeit später traf ich den Pastor wieder, und er berichtete mir, wie sie noch lange gegrübelt hatten und versuchten, uns einzuordnen. »War das, was unter den Jesus-Hippies geschah, von Gott, oder war es sektiererisch ...?« Bis gegen fünf Uhr morgens hatten sie in ihrem Auto gesessen und debattiert, ob wir »echt« oder »nicht echt« seien. Sie kamen zu keinem Ergebnis.

Ein anderes Mal sprach ein Missionar in einer Schulaula. Eine herbe Enttäuschung erwartete uns, denn dieser Mann »bollerte« nur so 'rum. Wir fanden ihn reichlich eng und lieblos. Trotzdem forderte uns dieser popelige Typ an einem Punkt sehr heraus. Er stellte fest, daß man nicht ohne Trauschein zusammenleben dürfe. Gegen diese Argumentation wehrten wir uns aufs schärfste. Die Paare unter uns, die zusammenlebten, waren natürlich nicht verheiratet. Dieser Mann war für uns gestorben.

Bald darauf hörten wir von einem Offenen Abend in einem christlichen Jungmänner-Verein. Das war der letzte Ort, wo ich hin wollte. In mir kamen die Erinnerungen an die fromme Enge meiner Jugend auf. Da die anderen aber dazu drängten hinzugehen, wollte ich mich nicht ausschließen und ging mit. Wie überall, wo wir auftauchten, belegten wir gleich die erste Reihe – mindestens die erste. Jemand drückte uns ihre Liederbücher in die Hand, und als wir die Texte der Liedchen lasen, ging sofort ein leichtes Kichern durch unsere Reihen. Als dann das Harmonium startete und die Anwesenden zu singen begannen, war es ganz aus. Wir hielten uns die Bücher nahe vor das Gesicht, damit niemand sehen konnte, wie wir uns dahinter vor Lachen bogen. Bis zum Inhalt der Lieder drangen wir erst gar nicht vor.

Auch die Botschaft, die folgte, fiel bei mir durch. Schnell überkam mich eine gähnende Langeweile, denn es wurde ein entsetzlich intellektueller Kram gefaselt. Wie konnte das jemandem helfen, mit Jesus im Alltag zu leben? Das half überhaupt niemandem, was hier gepredigt wurde, fand ich.

Wie es meiner Art entsprach, ging ich nach dem Gottesdienst nach vorne, um dem Redner meine Meinung zu sagen. Dieses Mal zettelte ich eine harte und lieblose Diskussion an und ging nicht gerade zimperlich mit dem Sprecher um. Ich stellte sein Christsein in Frage – er stellte mein Christsein in Frage. Auf dem Höhepunkt unserer Debatte wurde ich vom Geist Gottes überführt, daß meine Worte der Liebe Jesu nicht standhielten, und kleinlaut bat ich den Mann um Verzeihung. Daraufhin war er so angerührt, daß er ebenfalls Buße tat. Zum Schluß lagen wir uns in den Armen.

Die Bilanz meiner Vergangenheit ergab, daß ich sehr radikal für den Teufel gelebt hatte. Nun wollte ich um so radikaler für Jesus leben, und mich trieb ein starker Drang, anderen von ihm zu erzählen. An jedem Tag, wo immer ich war, hätte ich es förmlich hinausschreien können: »Jesus lebt! Jesus liebt dich! Jesus kommt wieder! Jesus macht dich frei!»

Doch trotz meinem äußeren Tatendrang und unermüdlichen geistlichen Eifer verspürte ich eine zunehmende innere Kraftlosigkeit. Außerdem litt ich noch unter Folgeerscheinungen meines langjährigen Drogenkonsums. Ich wagte nicht, jemandem außer Irene davon zu erzählen. Von ihr wußte ich, daß sie genauso von solchen Attacken befallen wurde. Obwohl ich mich bekehrt hatte, plagten mich des öfteren Alpträume, und ich wachte nachts schweißgebadet auf, weil mich Mächte der Finsternis angriffen. Ein ständiges Knacken im Kopf und die zeitweise Angst, verrückt zu werden, verfolgten mich. Zusätzlich überfielen mich Flashbacks, obwohl ich schon monatelang kein LSD geworfen hatte.

So stand ich an einer Bushaltestelle und wollte in einen Bus einsteigen. Der Bus kam, ich stieg ein ... plötzlich quietschten neben mir die Reifen eines Pkws. Er hielt direkt vor mir und hätte mich beinahe überfahren. Da war gar kein Bus.

Ein anderes Mal sah ich aus dem Fenster und registrierte, wie Dutzende von Polizeiautos vor dem Haus hielten und Hunderte von Polizisten herausströmten, eine riesige Razzia drohte. In Panik wäre ich am liebsten aus dem Fenster gesprungen, als ich plötzlich realisierte: Es war nur eine Halluzination.

Oft befiel mich die Angst, die Kontrolle über mich zu verlieren und in die Psychiatrie gebracht zu werden. Die Geister, die ich gerufen hatte, entpuppten sich als äußerst hartnäckig, ich wurde sie nicht los.

Wie ich es auch drehte und wendete, es blieb in meinem Leben eine tiefe Kluft zwischen dem Standard des Evangeliums und dem, was ich davon in die Realtität umzusetzen vermochte. So gerne ich dem biblischen Anspruch gerecht geworden wäre, mußte ich doch mit tiefem Bedauern feststellen, daß ich es nicht packte, dem zu genügen.

Es ging nicht nur mir so, auch die anderen in unserer Gemeinschaft litten darunter, daß zu viele Dinge Theorie blieben, die wir im Neuen Testament als alltägliche Praxis sahen. Wir begaben uns auf die Suche nach einer Lösung des Problems. Es überstieg unsere Vorstellungskraft, daß Gott einen Anspruch stellte, wenn er nicht gleichzeitig Mittel und Wege gab, ihn zu erfüllen. Wir lasen nach, wie die ersten Christen es geschafft hatten, den ungeheuren Streß in ihrer Nachfolge auszuhalten: Sie waren zu Fuß von einem Land in das andere gegangen, um den Missionsauftrag zu erfüllen, mußten mit wahnsinnigen Massen fertig werden, die sich bekehrten und ihnen folgten. »Täglich tat der Herr die hinzu, die gerettet wurden.« Wie waren sie zudem den Kranken und Bedürftigen gerecht geworden? Wir lasen in der Apostelgeschichte, daß die Christen damals »ein Herz und eine Seele« waren, daß sie alles miteinander teilten und niemand Mangel litt.

Die Apostelgeschichte wurde mein Lieblingsbuch. Was ich da las, war fantastisch und genau das, wonach ich mich immer gesehnt hatte. Sie erbrachte den realistischen Beweis, daß nach der Auferstehung Jesu die Wunder und Heilungen nicht aufhörten. Im Gegenteil, die Jünger wurden mit diesen Gaben im gleichen Maß wie Jesus ausgerüstet. Die unglaubliche Kraft im Leben der Apostel beeindruckte mich immens. Woher nahmen sie diese Kraft? Ich stieß auf den Heiligen Geist.

Der Dreh- und Angelpunkt schien das Pfingsterlebnis zu sein. Auch Jesus wurde, bevor er seinen Dienst begann, von Johannes getauft und danach bevollmächtigt mit der Kraft aus der Höhe, um im herausfordernden Kampf gegen die Kräfte der Finsternis zu bestehen und um letztendlich am Kreuz Satan ein- für allemal zu bezwingen.

Je intensiver ich mich in diese Dinge vertiefte, um so bewußter wurde mir meine eigene Kraftlosigkeit, und ich wurde unzufriedener. Zwar hielten wir täglich nach dem Essen stundenlange Gebetsgemeinschaften ab, in denen fast jeder mit großem Ernst ellenlange Fürbittelisten betete, doch es wurde von Tag zu Tag ermüdender und langweiliger. Wer regelmäßig dabei war, konnte genau voraussagen, was wann kam. Es wurde zunehmend mühseliger, wir drehten uns im Kreis.

Der Heilige Geist wurde Gesprächsthema Nummer Eins. Wir ahnten, daß er ein Ausweg aus unserer Stagnation sein könnte. Inzwischen konnte ich durchaus etwas mit Gott meinem Vater anfangen und auch mit Jesus: Er war mein Bruder, mein Heiland, mein Erlöser ... aber unter dem Heiligen Geist konnte ich mir eigentlich sehr wenig vorstellen. Er wirkte irgendwie ominös. War er eine Art Spiralnebel ... oder gar ein Gespenst? Nur langsam kam ich dahinter, daß er eine Person mit eigenem Wesen darstellte, genauso wie der Vater und Jesus.

Nach und nach erkannte ich, daß Pfingsten durchaus kein einmaliges Ereignis in der Apostelgeschichte blieb, sondern man an vielen Stellen lesen konnte, wie Menschen mit dem Heiligen Geist erfüllt wurden. Außerdem dachte ich, wenn schon Jesus eine Ausgießung des Heiligen Geistes für seinen Dienst benötigte, der ja der Sohn Gottes war, wieviel mehr bedurfte ich dann solch einer Erfüllung, wenn ich das tun wollte, was das Wort Gottes mir auftrug. Ich las im zweiten Kapitel, wie die ersten Christen, als sie mit dem Heiligen Geist erfüllt worden waren, anfingen, in neuen Sprachen zu sprechen. Diese Sprachen hatten sie nie gelernt, aber trotzdem hörten die Leute aus den verschiedenen Nationen die Jünger in ihrer jeweiligen Muttersprache reden. Dieses riesige Wunder faszinierte mich über alle Maßen, und gleichzeitig regte ich mich über die Heuchler der damaligen Zeit auf, die behaupteten, daß die Jünger betrunken gewesen seien.

Und Vers 39, in dem steht: »Denn euer und eurer Kinder ist diese Verheißung und aller, die da ferne sind, soviele der

Herr unser Gott hinzurufen wird«, war eine echte Sensation für mich, denn ich empfand mich hierin eingeschlossen: Der Herr hatte mich ja schließlich auch aus der Ferne hinzugerufen.

Einige Kapitel weiter ging es verschärft zur Sache: Die Christen wurden verfolgt, und Petrus und Johannes mußten sich vor dem Hohen Rat für ihren Glauben rechtfertigen. Selbstsicher legten sie los: »In keinem anderen ist das Heil, auch ist kein anderer Name unter den Himmeln den Menschen gegeben, darin sie sollen selig werden: Jesus.« Was hier stand, entzündete ein loderndes Feuer in meinem Herzen. Ich las weiter: Nach ihrem Verhör kehrten sie zu den anderen Jüngern zurück, und miteinander flehten sie wie die Weltmeister um Gottes Wirken. Sie forderten Gewaltiges: Heilungen, Zeichen und Wunder sollten im Namen Jesu geschehen. Und dann stand es da, schwarz auf weiß, es war der absolute Gipfel: »Als sie so gebetet hatten, erbebte die Stätte, da sie versammelt waren, und sie wurden alle voll des Heiligen Geistes.« Das haute mich um: Die Stätte bebte, welch eine Kraft!

Das war es: voll des Heiligen Geistes! Von nun an stand fest, ich würde den Heiligen Geist suchen und nicht aufhören, um ihn zu bitten, bis auch bei mir der Boden der Wohnung beben würde.

Von da an saß ich angespannt bei jeder Gebetszeit in meinem Sessel und wartete sehnsüchtig darauf, daß der Fußboden unter mir zu wackeln beginnen und das Haus wie von einem Erdbeben geschüttelt würde. Die zweite Sensation, auf die ich mich fixierte, waren Feuerzungen, von denen ich las, sie seien auf die Gläubigen gefallen.

Unsere Suche zog sich über sieben Tage hin, in denen wir fast nichts aßen, ununterbrochen die Apostelgeschichte studierten, beteten, beteten und nochmals beteten ... bis wir nicht mehr wußten, was wir beten sollten. Meine erste Priorität legte ich weiterhin darauf, daß sich die Stätte bewegen sollte, aber nichts bewegte sich.

Es schien geradezu paradox: Je tiefer wir erfaßten, was der Heilige Geist bewirken konnte, desto abgeschlaffter wurden wir. Der Hauptmann Cornelius hatte gut lachen, bei ihm fiel der Heilige Geist einfach so auf seine ganze Sippe, und sie redeten in neuen Sprachen und prophezeiten. Und wir? Wir krampften uns einen ab, und nichts, aber auch gar nichts geschah!

Waren wir am Anfang zwanzig Leute gewesen, die sich auf die Suche begeben hatten, so blieben am siebten Tag nur noch vier übrig: Nesh, Sylvia, Irene und ich ... alle anderen hatten kapituliert.

Wütend und resigniert, verstand ich die Welt nicht mehr und Gott schon gar nicht. Sieben Tage lang investierte ich alles, was ich hatte, aber der Himmel schien wie zugenagelt. Das war wirklich ungerecht. Frustriert ging ich in die Küche, um Kaffee zu kochen, und legte eine Platte von Yes auf. Dann eben nicht! Das hatte Gott jetzt davon!

Plötzlich klopfte es an unserer Wohnungstür. Draußen standen Manuel und ein anderer Typ aus der Bauernhof-Kommune. Die strahlten über das ganze Gesicht und brauchten gar nichts zu sagen. Das, wonach wir suchten, hatten sie bereits! Als wir ihm unser siebentägiges Dilemma ausmalten, meinte Manuel: »Hört auf zu bitten, der Heilige Geist ist bereits seit Pfingsten ausgegossen. Ihr braucht nur noch zu danken und zu empfangen. Es ist ganz simpel.«

Auf unsere Frage hin, wo er denn diese Weisheit hernähme, kam er mit folgender Geschichte um die Ecke: Ein berühmter Pastor sollte in der Nähe ihres Dorfs über den Heiligen Geist sprechen. Da sich ihre Kommune ebenfalls seit längerem mit diesem Kapitel beschäftigte, entschlossen sich einige, dort hinzugehen. Manuel sperrte sich arrogant und trotzig dagegen. Wenn Gott ihm den Heiligen Geist geben wollte, brauchte er dafür keinen Pastor!

So blieb er zu Hause, betete, und dabei überführte ihn der

Geist Gottes von seiner Arroganz. Als er um Vergebung für seinen Stolz bat, spürte er, wie die Kraft Gottes gewaltig über ihn kam und er anfing, in einer neuen Sprache zu reden. Dabei empfand er, daß der Heilige Geist wie ein Wasserfall beständig vom Himmel stürzte. Das ganze Geheimnis bestand darin, sich in diesen Strom zu stellen, sich zu öffnen, zu empfangen und dafür zu danken.

Bald darauf kamen seine Mitbewohner enttäuscht von der Veranstaltung zurück. Der Prediger hatte gar nicht über den Heiligen Geist gesprochen, sondern zur Bekehrung aufgerufen. Aber bekehrt waren sie ja bereits. Als Manuel ihnen überglücklich von seiner persönlichen Erfahrung berichtete, weckte das in ihnen nur Agressionen. Alle verschlossen sich, bis auf einen, und mit ihm machte er sich sogleich auf den Weg, in der Hoffnung, bei uns auf Interesse für seine neue Erkenntnis zu stoßen.

Was er dann von sich gab, stellte mich gleich vor das nächste Rätsel: Er habe dabei zum ersten Mal Gott gelobt und gepriesen. Das klang für mich wie Fremdworte. Ich betete doch auch, aber was war »loben und preisen«?

Manuel schlug vor, einfach für den Heiligen Geist zu danken. Wir setzten uns und beteten, dabei ging einer nach dem anderen auf die Knie – außer mir. Ich zog mich auf meine Beobachterposition auf dem Sofa zurück, verschränkte meine Arme und registrierte äußerst skeptisch, was da ablief. Nesh, Sylvia und dann auch noch Irene hoben ihre Hände. Es sah aus, als stände einer mit einer Pistole hinter ihnen und hätte sie gezwungen, sich zu ergeben.

Das war ja wohl das Letzte. Sie dankten für die Kraft des Heiligen Geistes, und plötzlich redeten sie in Sprachen, die ich noch nie gehört hatte. In mir zog sich alles zusammen. Das war das Allerletzte.

Ich beschloß: »Das machst du nicht mit«, denn ich erinnerte mich daran, wie wir damals auf Trip dieses komische Zeug quatschen mußten. Das war ja offensichtlich der Satan gewesen. Damit wollte ich nichts zu tun haben. Das gehörte der Vergangenheit an. Mit Entschlossenheit widersetzte ich mich, aber unaufhaltsam drängte mich etwas auf die Knie.

Gleichzeitig spürte ich unheimlich intensiv die Heiligkeit Gottes und die Gegenwart Jesu im Raum. Ein Strom von Liebe ergoß sich über uns. Ich begriff: Wenn Gott der Vater Liebe ist, wenn Jesus Liebe ist, dann ist der Heilige Geist auch Liebe. Deshalb brauchte ich mich nicht vor ihm zu fürchten und konnte ihn einfach wirken lassen. Zu gerne hätte ich mich in diese Liebe fallen lassen, doch innerlich war ich total verspannt und viel zu stolz, mich so zu erniedrigen. Ich wollte nicht in Zungen beten, außerdem befürchtete ich, es vielleicht gar nicht zu können. »Das schaffst du nicht«, dachte ich mir »das kriegst du nicht hin ...«

Plötzlich fing einer an zu reden. Das mußte eine Prophetie sein, denn woher sollte er sonst wissen, was in mir abging: »Beuge deine Knie vor mir, du stolzer Knopf!« Dieser Satz traf mich mitten ins Herz. Ich wollte mich nicht beugen, wollte mich nicht demütigen und nicht so werden wie ein Kind. Ich fühlte mich unfähig, Gottes Liebe wie ein Geschenk anzunehmen. Es zog mich zunehmend auf die Erde, und mir kamen die Tränen. Verzweifelt brachte ich die Worte zusammen: »Komm in mein Leben, Heiliger Geist ... Herr Jesus, vergib mir!« Mein Widerstand war gebrochen.

Die Liebe Gottes überströmte mich, und eine neue Sprache sprudelte förmlich aus mir heraus. Worte, die ich nicht verstand, kamen aus meinem Herzen und gingen direkt zu Gott.

So knieten wir da, die Stunden vergingen. Wir sangen jeder für sich, aber auch gemeinsam in neuen Sprachen und in Deutsch. Spontan komponierten wir Lieder. Eine mächtige Anbetung stieg zu Gott auf. Jetzt verstand ich, was »loben und preisen« bedeutete. Jemand stimmte den ersten Vers von »Lobe den Herren, den mächtigen König ...« an. Nach anfänglichen Schwierigkeiten fiel uns nach und nach der vollständige Text der ersten Strophe ein. Das alte Kirchenlied begann für uns durch den Heiligen Geist lebendig zu werden. Wir verstanden und meinten, was wir sangen.

Auch andere Gaben des Geistes manifestierten sich, Bilder mit Interpretationen, Sprachenauslegungen und Prophetien, wovon mich eine direkt betraf: Gott wollte mich stärker als bisher evangelistisch gebrauchen.

Bert, der auch resigniert aufgegeben hatte, nach dem Heiligen Geist zu suchen, kam an diesem Tag spät nach Hause. Da über uns Türken wohnten, die regelmäßig an den Wochenenden Parties veranstalteten, dachte er, als er die Treppe hochkam und das laute Getöse vernahm, daß sie feierten. Er befürchtete, mal wieder keinen Schlaf zu finden, denn er hatte seinen Schlafsackplatz direkt unter ihrem Wohnzimmer. Doch als er unsere Wohnung betrat, merkte er sehr schnell, daß es nicht die Türken waren, sondern der Geist Gottes. Er betrat das Musikzimmer und wurde im gleichen Augenblick durch die Kraft des Heiligen Geistes zu Boden geworfen. Er kippte einfach um, fing schallend an zu lachen, und ihm sprudelten die Worte einer fremden Sprache nur so über die Lippen. Es lag keine Gewalt darin, aber eine ungeheure Kraft. Der Heilige Geist war »super«.

Die Erde bebte nicht an diesem Tag, und es fiel auch kein Feuer vom Himmel. Aber es war ein Erlebnis, wie es nicht tiefgreifender hätte sein können.

Da sie in der anderen WG noch nichts von unserem Glück ahnten, machten wir uns am folgenden Tag auf den Weg, um sie so schnell wie möglich daran teilhaben zu lassen. Überglücklich zogen wir, die Geistgetauften der ersten Stunde, singend über die Haupteinkaufsstraße: »Lobe den Herrn, den mächtigen König der Ehre ...«, erste Strophe. »Lobe den Herrn den mächtigen König der Ehren ...«, erste Strophe. Die erstaunten Blicke der Passanten ließen durchblikken, daß sie uns für nicht ganz dicht hielten. Vielleicht dachten sie, wir seien betrunken, aber das war ja durchaus biblisch.

Einer der Jungs öffnete nach unserem stürmischen Klingeln mit einer Bratpfanne in der Hand die Tür. Als er unser ganzes Aufgebot sah, fragte er: »Was ist denn mit euch los?« »Der Geist ist los«, war unsere spontane Antwort. Er rannte ins Wohnzimmer zurück und rief: »Der Geist ist los! Der Geist ist los!« Bratpfanne hin, Bratpfanne her, jetzt war nicht Essen angesagt, sondern der Heilige Geist.

Um die Nichtbekehrten aus der Wohnung zu beten, gingen Nesh und ich in ein Nebenzimmer. Sie würden das bevorstehende Geschehen nur blockieren. Tatsächlich waren sie gegangen, als wir ins Wohnzimmer zurückkamen, nur die Christen saßen noch da.

So standen wir vor unserer nächsten Herausforderung. Wie sollten wir ihnen vermitteln, was wir selbst empfangen hatten? In der Apostelgeschichte lasen wir davon, daß Petrus und Johannes den Gläubigen die Hände auflegten und daraufhin Übernatürliches geschah. Okay, das würden wir jetzt genauso machen. Der Reihe nach legten wir den Anwesenden die Hände auf und beteten für sie. Dabei empfing einer nach dem anderen den Heiligen Geist und redete in neuen Sprachen. Auch die zweite Lobpreis-Session ging über Stunden, in denen sich der Geist Gottes mächtig durch seine Gaben offenbarte.

Eine Auswirkung der Taufe im Heiligen Geist war, daß ich Gottes Wort viel besser verstand. Wenn mir bereits nach meiner Bekehrung einige Lichter aufgegangen waren, schien es nun ein ganzer Kronleuchter zu sein. Alles, was ich im Neuen Testament las, wurde durch den Heiligen Geist greifbarer, ich konnte es vollständiger erfassen.

Der Lobpreis brachte neuen Schwung in unsere täglichen Andachten. Neben den Gebetslisten verbrachten wir jetzt viel Zeit in der Anbetung. Wir spürten regelrecht, wie mit den Worten und Liedern, die aus unserem Mund zu Gott gingen, gleichzeitig ein Strom seiner Kraft zurück in unser Leben floß. Durch selbstkomponierte deutsche Lieder, die wir auf unseren Gitarren begleiteten, entdeckten wir eine neue Art, unsere Liebe zu Jesus und unsere Sehnsucht nach Gott auszudrücken. Am intensivsten empfanden wir die Gegenwart des Heiligen Geistes, wenn wir in neuen Sprachen beteten und sangen. Eine wunderbare Anbetung sprudelte immer wieder wie eine frische Quelle aus uns hervor. Unsere ätzend ermüdenden Gebetszeiten wurden nun erfrischend und belebend.

In the Presence of the Lord . . .

Immer wieder passierte es mir, daß ich plötzlich in Tränen ausbrach, ohne zu wissen warum. Das Wirken des Heiligen Geistes setzte in mir einen nachhaltigen Prozeß in Bewegung, der sehr tief in den Bereich meiner Gefühlswelt eingriff. Er stellte wieder her und heilte, was die Vergangenheit in meiner Seele zerrüttet hatte. Den ganzen Dreck der Sünde heulte ich raus.

Wenige Tage nach dem Pfingsterlebnis knieten wir in unserer täglichen Gebetszeit auf dem Boden. Plötzlich bekannte jemand sehr detailliert eine Sünde aus seiner Vergangenheit. Es erwischte mich eiskalt, denn die gleiche Sünde hatte ich auch auf dem Kerbholz. Schon bekannte der nächste eine derbe Schuld, dann der übernächste, und so ging es weiter. Einer nach dem anderen packte öffentlich aus. Wir schämten uns nicht voreinander, selbst als intime Sachen ans Licht kamen. Wir empfanden, daß dies eine Stunde war, wo Gottes Güte Licht in unsere dunkle Vergangenheit warf.

Auch ich bekannte Sünde um Sünde. Er führte mich durch seinen Heiligen Geist an das Kreuz von Golgatha. Mir wurde zutiefst bewußt, welchen Schmerz und was für eine Qual es Jesus gekostet hatte, das Getrenntsein vom Vater zu ertragen. Die Strafe, die ich verdiente, nahm er auf sich, um mich zu retten und zu heilen. Gott offenbarte mir die Tiefe seiner Liebe durch seinen Sohn am Kreuz, den er für mich zur Sünde werden ließ und der sein Blut für mich opferte. Ich war Jesus von Herzen dankbar für die Freundlichkeit und Annahme, die er durch seine spürbare Gegenwart verbreitete. Wie ein trockener Schwamm, den man in den Ozean warf, badete ich in seiner Liebe und sog sie förmlich auf.

Irene faßte in Worte, was ich genauso empfand: »Ich weiß jetzt tief in mir, daß ich Jesus sehr wertvoll bin. Selbst wenn ich der einzige Mensch auf dieser Welt wäre, er wäre gekommen, um meine Sünden ans Kreuz zu tragen und mir den Weg zum Vater zu ermöglichen.«

Die ganze Zeit weinte ich, weil ich Jesus so viele Schmerzen bereitet hatte. Sein Licht offenbarte mir, wo ich schuldig geworden war gegenüber meinen Eltern und anderen Menschen. Ich bat Jesus um Vergebung meiner Schuld und sprach auch denen Vergebung aus, die mich verletzt hatten.

Wenn wir merkten, daß jemand nicht mit seinem Schmerz fertig wurde, gingen wir zu ihm, legten ihm die Hände auf und beteten. Dabei offenbarte Gott gelegentlich durch das Wort der Erkenntnis die Ursachen der Verletzung. Durch prophetische Worte sprach er Trost und Annahme aus. Wo wir erkannten, daß wir an okkulte Mächte gebunden waren, durch Rauschgift und die Praktiken, die wir auf Droge ausgeübt hatten, sagten wir dem ab, baten um Befreiung und lösten uns gegenseitig davon durch Handauflegung im Namen Jesu.

Während wir so in der Gegenwart Gottes verharrten, sagte einer: »Als wir unsere Sünden bekannten, sah ich in einer Vision eine extrem verdreckte Küche, in der eine Frau sich abmühte, sie zu reinigen. Aber wie sie es auch drehte und wendete, die Küche wurde nicht sauber. Plötzlich kam so was wie ein »Weißer Riese«, eine Art Wirbelwind und fegte durch die Küche. Als er verschwunden war, erstrahlte der Raum in hellem Glanz. Die Küche war blitzblanksauber. Allerdings verschmutzte sie durch den täglichen Gebrauch stellenweise wieder. Aber jetzt bereitete es der Frau kaum Mühe, diesen Schmutz zu beseitigen. Danach gab mir der Herr die Auslegung für dieses Bild: Die Küche ist unser Herz, in dem der Heilige Geist heute eine Grundreinigung vorgenommen hat. Unsere Sünden der Vergangenheit sind vergeben. Wir werden sicherlich wieder in Sünde fallen, aber wir sollen keinen Dreck unter den Teppich kehren, sondern unsere Herzensküche sauberhalten. Wir können jederzeit zu Jesus und seinem Kreuz gehen, um uns unsere Schuld vergeben zu lassen. Dabei sollen wir auf das Reden des Heiligen Geistes achten.«

Ein anderer las aus Matthäus vor: »Selig sind, die reines Herzens sind, denn sie werden Gott schauen.« Das taten wir, wir schauten Gott.

Die Barmherzigkeit Gottes erfüllte den Raum, in dem wir knieten, die Luft war so sauber und rein wie nie zuvor.

Stunde um Stunde zerrann, Träne um Träne floß, aber wie es der Vers: »Die mit Tränen säen, werden mit Freuden ernten« so zutreffend verhieß, kam nach den Tränen die Freude. Wir lagen uns lachend und glücklich in den Armen und stimmten dabei einen Lobpreis an, in dem jeder seine Dankbarkeit gen Himmel jubelte.

Die Buße über unsere Vergangenheit war mit diesem Tag noch nicht abgeschlossen. In den darauffolgenden Tagen überführte uns der Heilige Geist wiederholt, und wir bekannten einander die Sünden, die uns belasteten.

Das Kreuz brachte nicht nur Vergebung, sondern zusätzlich Heilung in unser Leben. Mein Magenleiden, unter dem ich seit der Zeit meines starken Drogenkonsums gelitten hatte, war wie weggefegt, ich spürte keine Schmerzen mehr. Mein Kopf schien viel klarer, das Knacken verschwand vollkommen, und die neurotischen Gedanken waren wie weggeblasen.

Irene litt seit längerem an einem Darmleiden. Schon öfter hatte sie dem Herrn in den Ohren gelegen, daß er sie doch heilen möge, doch er griff nicht ein. Dadurch, daß sie die Medikamente wegschmiß und schmollte, versuchte sie, Gott zu zwingen, sie gesund zu machen. Doch das half nichts. So akzeptierte sie ihre Krankheit als von ihm zugelassen und betete nicht weiter für ihre Heilung. Das lag Monate zurück. Eines Abends in ihrer Gebetszeit schien es ihr, als hörte sie eine Stimme: »Meine Tochter, du bist doch krank.« »Ist das dein Ernst, Herr? Ich habe dich so oft gebeten, mich gesund zu machen, aber du hast es nie getan. Du weißt, daß ich krank bin«, antwortete sie. Die Stimme sprach: »Ich mache dich jetzt gesund.« Gleichzeitig durchströmte sie ein warmer Strom, der sich auf ihren Unterleib konzentrierte. Unumstößlich wußte sie: Ich bin geheilt. Sie empfand eine tiefe Freude und begann, dem Herrn überschwenglich für sein souveränes Eingreifen zu danken. Zur Untermauerung ihres Glaubens warf sie ihre Medikamente, die sie mittlerweile wieder genommen hatte, in den Mülleimer. Von diesem Abend an kamen die Symptome der Krankheit nie wieder.

Doch wir gingen nicht nur von einem Sieg zum anderen – wir steckten ebenso manche Niederlage ein und lernten daraus. Blieben nur für eine kurze Zeit die spektakulären Erlebnisse in unserem alltäglichen Leben mit dem Herrn aus, so konnte das schon zu einem extremen Absturz unserer Gefühle führen, und wir hinterfragten uns und alles, was wir taten.

Eines Tages klingelte es: Zwei dieser gelackten Mormonen standen vor unserer Tür. Da Irene und ich jederzeit für eine handfeste Debatte mit jedermann zu haben waren, luden wir sie freundlich ein hereinzukommen. Logischerweise hegten wir den Hintergedanken, sie ordentlich auseinanderzunehmen. Mit ihrer biederen Erscheinung waren sie uns ein Dorn im Auge. Ich konnte es mir nicht ganz verkneifen anzunehmen, daß mein Vater mir diese Herren ins Haus geschickt hatte. Binnen kürzester Zeit priesen sie uns ihr Buch Mormon an, wogegen wir mit Nachdruck die Bibel stellten, die für uns hundertprozentig und ausschließlich die Wahrheit war. Sie war buchstäblich das Wort Gottes, das sich in nichts widersprach, weil Gott sich nicht widersprach. Als die Mormonen merkten, daß sie bei uns mit ihrem Werben vor eine granitharte Wand rannten, versuchten sie es mit Verunsicherung. Sie behaupteten dreist, daß die Bibel sich an verschiedenen Stellen klar widersprechen würde. Die drei Stellen, die sie uns daraufhin zeigten, brachten uns echt ins Schleudern. Wir mußten feststellen, daß nicht wir sie, sondern sie uns auseinandergenommen hatten.

Um uns in Ruhe mit dieser unerhörten Feststellung auseinandersetzen zu können, vertagten wir die weitere Diskussion mit den Mormonen auf den nächsten Tag. Mittlerweile waren andere aus unserer Gemeinschaft hinzugekommen, und so saßen wir nun da mit unserem dicken, scheinbar unlösbaren Problem: Die Bibel widersprach sich, und somit widersprach sich Gott.

Wir argumentierten hin und lasen her. Unsere Köpfe wurden dabei immer dicker. Fast am Ende unseres Denkvermögens angelangt, kam einer auf die glorreiche Idee, daß wir vielleicht mal Jesus selbst um eine Klarstellung bitten könnten. Schließlich mußte er doch sein Wort kennen. So fragten wir inbrünstig nach einer Antwort. Stille breitete sich aus, bis Irene plötzlich zaghaft meinte: »Ich habe den Eindruck, daß der Teufel uns die Leute hierher geschickt hat, um uns zu verunsichern und uns den Glauben madig zu machen. Nur weil wir diese Stellen jetzt nicht einordnen können, dürfen wir unser Vertrauen in Gott nicht zerstören lassen. Irgendwann werden wir sie begreifen.«

Augenblicklich platzte der Knoten: »Logisch! Der Teufel hat sich aufgemacht, uns zu versuchen. Hatte Jesus nicht das gleiche nach seiner Taufe im Heiligen Geist erlebt? Der Geist Gottes führte Jesus in die Wüste und der Satan versuchte ihn mit dem Wort Gottes.« Na, die Mormonen sollten morgen ruhig kommen, denen würden wir es aber zeigen. Gesagt, getan. Der nächste Tag kam und mit ihm die Mormonen, doch nur, um bald darauf wieder unverrichteter Dinge von dannen zu ziehen. Dieses Mal hatten sie keine Schnitte gekriegt.

Unsere Konfrontationen mit den verschiedenen Sekten verliefen meistens turbulent und etwas seltsam. Eine Zeugin Jehovas verwickelte uns in ein Streitgespräch. Nachdem sie merkte, daß sie mit uns nicht weiterkam, stand sie auf, um zu gehen. Dabei bemerkte ich, daß sie hinkte. Ich erahnte meine große Stunde und bestürmte sie überschwenglich mit den Worten: »Sie sind ja krank. Sollen wir mit Ihnen beten, unser Gott kann Sie heilen.« Prompt wurde sie kreidebleich: »So eine Anmaßung! Der große, über allem stehende Gott, der hat doch viel zuviel zu tun, um sich um mich kleine Person und mein noch viel kleineres Bein zu kümmern!« Es traf mich tief, was für ein erbärmliches Gottesbild diese Frau hatte. Aufgebracht verließ sie uns, ohne daß wir mit ihr beten konnten.

Eines Nachmittags stand ein kleiner älterer Mann, auf dem Kopf eine graue Baskenmütze, vor unserer Tür. Uns beschlich ein merkwürdiges Gefühl, als er behauptete, Christ zu sein. Wir begannen, ihn gleich ein bißchen abzuklopfen: »Wie haben Sie sich denn bekehrt?« Daraufhin ließ er den mystischsten Kladderadatsch los, den wir je gehört hatten. Eine weiße Taube hatte sich auf seinem Dach niedergelassen. Ihn überkam die Eingebung, sie abzuschießen. Obwohl es laut knallte und er sich sicher war, sie getroffen zu haben, flog sie nicht weg und stürzte auch nicht ab. In diesem Augenblick wurde ihm klar, das mußte göttlich sein. Nesh und ich sahen uns mit bedeutungsvollen Blicken an: Sein Gott war nicht unser Gott! Wir nahmen den Typen so ins Kreuzverhör und bombadierten ihn mit Fragen über Jesus, daß wir binnen weniger Augenblicke herausfanden: Er war Antroposoph, und die Kräfte, mit denen er experimentierte, kamen aus dem Bereich der weißen Magie.

Mit den Worten: »Hallo, ich heiße Jesaja« erstürmte ein anderes Mal ein etwas sonderbarer Typ unsere Wohnung. Lauthals lachte ich los, und auch die anderen konnten sich kaum halten. Jesaja! So was hatten wir ja noch nie gehört, wie konnte man nur Jesaja heißen!

Auf unsere Frage, wie er denn zu diesem Namen gekommen sei, behauptete er, daß er ihn bekommen habe, als er sein Leben Gott weihte. Bei dem, was er so losließ, spürten wir, daß sein Geist nicht unser Geist war. Bald stellte sich heraus, daß er von den »Children of God« kam. Bei uns klingelten alle Alarmglocken, und unser Rettersinn erwachte.

Im Verlauf des Abends konnten wir ihn dazu bringen, daß er von den »Children of God« absprang und sein Leben unter die Herrschaft Jesu stellte. Von da an nannten wir ihn nicht mehr Jesaja, sondern riefen ihn bei seinem eigentlichen Vornamen. Die Bekehrung war für ihn ein konsequenzenreicher Schritt, denn er wohnte in Essen in einer größeren Kolonie dieser Sekte. Dahin konnte er selbstverständlich nicht zurückkehren. So blieb er bei uns. In den nächsten Tagen kamen Teams aus Essen, die ihn bearbeiteten und massiv unter Druck setzten. Da er aber den Schutz unserer Gemeinschaft genoß, konnten wir es verhindern, daß sie ihn abschleppten.

Wir entwickelten ein schlichtes Verfahren, wie man herausfinden konnte, ob es sich bei einem sogenannten Gläubigen um den Angehörigen einer Sekte handelte oder ob jemand sonst schräg drauf war. Unsere erste Frage ging immer in die Richtung: »Was kannst du mit dem Kreuz und der Vergebung durch das Blut Jesu anfangen?« Die Sekten konnten hiermit nämlich überhaupt nichts anfangen, die schrägen Vögel auch nicht. Gleichzeitig empfanden wir bei Kontakt mit Sektierern dieses »Alarmglockengefühl«; seit unserer Geistestaufe wußten wir, daß es sich dabei um die Gabe der Geisterunterscheidung handelte.

Beflügelt durch die großartigen Erlebnisse der letzten Wochen, wurde unserer Gemeinschaft bewußt, daß nicht nur die Freaks Erlösung brauchten, sondern jeder Mensch, der über Gottes weite Erde lief.

Ich besann mich zurück auf meine Zeiten in der linken Politszene. Mutig hatte ich unsere Parolen an Hauswände geschmiert. Wenn ich mich schon so eingesetzt hatte, die destruktiven Thesen rüberzubringen, wollte ich mich jetzt erst recht ins Zeug legen, die rettende Botschaft von Jesus zu propagieren.

Großzügig bewaffnet mit Plakaten, auf denen in Großdruck zu lesen stand: Jesus kommt bald wieder! – Lies deine Bibel! – Jesus ist der Weg, die Wahrheit und das Leben!, und selbstgemalten Sprüchen auf Tapetenrollen, zogen wir eines Nachts los, um die Stadt systematisch zu plakatieren. Da samstags Markttag und deshalb die halbe Stadt auf den Beinen war, wählten wir eine Freitagnacht für die Aktion. Wir wollten, daß jeder es sah: Jesus lebt! An jeder Straßenecke sollte man lesen können: Jesus liebt dich! Die Plakatierung verlief ohne Zwischenfälle, und die Polizei erwischte uns nicht. Einige von uns waren sogar so gründlich, daß sie die Auf- und Abfahrtschilder an den Autobahnen überklebten.

Auch das Stadtbild von Iserlohn war am nächsten Morgen nicht mehr das gleiche. Mit neugieriger Erwartung mischten wir uns am Samstagmorgen in der Stadt unters Volk. Die Passanten reagierten sehr unterschiedlich, einige erbost, andere verwundert, die übernächsten fühlten sich provoziert. Aber: Jesus war in aller Munde, und wir führten viele Gespräche.

Es kam, wie es kommen mußte: Das Ordnungsamt fand die Adresse der Urheber dieser Plakataktion heraus und stand schnurstracks bei uns vor der Tür. Auf die Frage hin, ob wir diese Stadtverschandelung inszeniert hatten, meinten wir: »Natürlich, wer sonst!« Sogleich nahmen wir es in Angriff, den Beamten zu evangelisieren, denn auch er brauchte Jesus.

Von unserer Offenheit und Ehrlichkeit scheinbar beeindruckt, zeigte er sich entgegenkommend. Er stellte fest, daß für so einen Unfug eigentlich tausend Mark Geldstrafe zu zahlen seien. Tausend Mark, so viel Knete! Woher nehmen, wenn nicht stehlen? Ein Blick auf unsere geschockten Gesichter reichte dem Beamten, um gnädig einzulenken: »Naja, wenn ihr bis in einer Woche die Plakate abmacht, wollen wir euch diese Strafe mal erlassen und Schwamm drüber.« Doch das war für uns ganz und gar nicht akzeptabel. Von unserer Mission überzeugt, entgegneten wir mit wilder Entschlossenheit: »Wir lassen lieber die Plakate hängen und glauben, daß Gott uns tausend Mark geben wird.« Kopfschüttelnd machte sich der Ordnungshüter auf den Weg zurück in sein Amt. Die Plakate klebten noch lange an den Wänden, und von der Strafe hörten wir nie wieder etwas!

Wir wurden immer aktiver in unserer Stadt. Gottes weite Welt fing direkt vor unserer Haustür an.

Auf eine schreckliche Geschichte hin, die wir in der Zeitung gelesen hatten, reagierten wir ganz spontan. Es ging um einen typischen Nachbarschaftsstreit. Zuerst gab ein Wort das andere, dann sprach man überhaupt nicht mehr zusammen, danach zog der eine einen Zaun, und der andere revanchierte sich mit einer Mauer. Es gipfelte darin, daß einer von beiden zum Gewehr griff und seinen Nachbarn erschoß. Zurück blieben zwei vaterlose Familien. Der eine Vater war tot, der andere im Gefängnis. Spontan sammelte unsere Gemeinschaft Geld und brachte es den leidtragenden Familien, um ihnen zu helfen.

In den Iserlohner Kinos lief der Film »Der Exorzist« an, und das rief uns sofort auf den Plan. So einen Streifen konnte man nicht einfach hinnehmen, wir fühlten uns verantwortlich, die Menschen zu warnen. Schon seit einiger Zeit horteten wir in unserem Keller ein unerschöpfliches Arsenal an christlichen Traktaten, die uns unbekannte Gönner kistenweise zugeschickt hatten. Wir bewaffneten uns mit einer großen Anzahl Schriften, die eindringlich über diesen okkulten Film aufklärten, und stellten uns vor die Kinos. Abgesehen von den guten Gesprächen, die wir auf diese Weise bekamen, konnten wir einige Leute davon abhalten, sich diesen Horror anzusehen.

Nach wie vor war unsere Gruppe darauf versessen, so schnell wie möglich ein Haus zu finden. Nicht zuletzt deshalb, weil wir inzwischen außerordentlich beengt lebten.

Wie zufällig fiel mir ein Traktat in die Hand, in dem von einem Evangelisten die Rede war, der sich zu seinem Geburtstag von Gott ein Zelt gewünscht hatte und es auch bekam. Das forderte mich ungemein heraus. »Sein Gott ist mein Gott«, dachte ich, »ich wünsche mir zu meinem Geburtstag ein Haus.« Bis dahin blieben nur wenige Wochen.

Mit neuen Visionen für das ersehnte Haus posaunte ich überall herum: »Jesus schenkt mir zum Geburtstag ein Haus.« Ich konnte es kaum erwarten, wie sich dieser Traum endlich erfüllen würde. Mein Geburtstag kam, aber kein Haus war in Sicht. »Gottes Stunde ist mitunter die letzte Minute«, sagte ich mir und harrte aus. Jetzt war Glaube gefragt. Die Stunden vergingen, mein Glaube schrumpfte dahin. Ich forderte die anderen heraus: »Los, wir müssen beten!« Aber keiner glaubte mehr so richtig an die Erhörung. Es wurde später, und der Zeiger der Uhr näherte sich bedenklich gegen Mitternacht. Die »Ungläubigen« gingen nach Hause und hielten das Ganze für einen Flop. Die »Gläubigen« hielten aus. Um kurz vor zwölf legten wir noch einmal eine gewaltige Gebetsrunde ein, aber das Haus kam nicht.

Ich war am Boden zerstört. Sauer auf mich, sauer auf Gott, sauer auf meine Glaubensgenossen, fiel ich von einem Extrem ins andere: »Mir reicht's, ich habe keinen Bock mehr auf das Ganze mit Gott. Ich werde ihm kündigen.« Beleidigt stand ich auf und wollte als sichtbares Zeichen meines Entschlusses die selbstgemalten Verse von der Wand nehmen. Ich startete mit meinem Lieblingsvers: »Ich vermag alles durch den, der mich mächtig macht, welcher ist Christus.« Was ich vermochte, hatte ich gerade gesehen . . .

Als ich anfing, die Nadeln herauszuziehen, schritt Irene ein: »Okay, du willst vielleicht nicht länger mit Gott leben, aber ich. Also, laß bitte die Bilder an der Wand.« »Gut«, dachte ich, »damit kann ich auch leben.« Alle gaben sich jede erdenkliche Mühe, mich zurückzubekehren. Aber es nützte nichts. Ich machte mich total dicht. Bitter enttäuscht, weil Gott meinen Wunsch nicht erfüllt hatte, war ich unerreichbar für ihre Bemühungen. Mir kam schon der leise Verdacht, daß Gott sich vielleicht nicht einfach in meine Pläne hineinzwingen ließ ... Vielleicht wollte er, daß ich in seine Pläne einstieg. Aber das erschien mir zu schwierig, darauf hatte ich keine Lust.

Für die nächsten Tage war ich ungenießbar. Bei uns hieß das: »Der ist schlecht drauf.« Und wie schlecht ich drauf war! Alle bekamen es zu spüren: Walter Heidenreich hatte mit Gott gebrochen.

Wenige Tage später klingelte es. Vor der Tür stand der Postbote und überreichte mir ein Päckchen. Erstaunt öffnete ich es. Was ich sah, verschlug mir den Atem. Ich war abgefallen und jetzt das! Von einem Traktat glotzte mich die fette Überschrift an: Endlich frei! Von Walter Heidenreich. Vor mir lag mein Zeugnis, daß ich damals durch den netten Evangelisten bei Werner Heukelbach drucken lassen durfte. Auflage: 280 000 Stück. Fasziniert nahm ich eins heraus und begann, meine eigene Bekehrungsgeschichte zu lesen. Während ich las, fing ich an zu weinen. Wie gut Gott doch war, wie geduldig und barmherzig er mit mir umging. Seine tiefe Liebe stand mir neu und groß vor Augen. Mein Zorn schmolz dahin. Was war ich doch für ein Trottel, hier so rumzutrotzen. Ich hatte mich verhalten wie schon früher als Kind, nur schmiß ich mich heute nicht mehr auf den Boden, schrie wie am Spieß und trampelte mit den Füßen, bis ich bekam, was ich wollte. Aber was ich mir jetzt geleistet hatte, war auch nicht viel besser.

Ich erkannte: Das konnte ich mit Jesus nicht machen. Dankbar darüber, daß er trotz meines Verhaltens zu mir stand, bat ich ihn um Vergebung. Wie so oft in der Vergangenheit antwortete Gott mir mit seinem unerklärlichen Frieden. Ich bekehrte mich erneut durch mein eigenes Zeugnis.

Parallel zu unseren vermehrten Einsätzen in der Stadt und den verschiedenen Aufs und Abs des Alltags rührte Gott seit meiner einschneidenden Lebensbereinigung wiederholt meine Haltung gegenüber unterschiedlichen Bereichen des Lebens an.

Daß ich mit dem Rauschgift meine Gesundheit ruiniert hatte, war mir seit längerem aufgegangen. Nach und nach hatte ich auf diesem Gebiet Befreiung erlebt. Nun begann Gott, seinen Finger verstärkt auf den Punkt mit dem Rauchen zu legen.

Bereits vor einigen Monaten hatte er in dieser Sache bei mir angeklopft. In dieser Zeit tauchte ein Zigeunermissionar auf dem Bauernhof im Norden auf. Die Musiker trommelten eine wilde Hippiehorde aus allen Teilen Deutschlands zusammen, wir fuhren ebenfalls hin. Der Mann nahm einen Tisch, stellte sich darauf und fing an, zu hundertfünfzig kunterbunten Freaks zu predigen. Er sprach über das Kreuz, die Auferstehung und über die Wiederherstellung des Menschen durch den Heiligen Geist. Den Schlußteil seiner Ausführungen widmete er dem Rauchen: »Jesus macht dich frei. Er kann dich auch von deiner Zigarettensucht befreien.« Er ging zu einem Aufruf über: »Jeder, der heute diese Befreiung in Anspruch nehmen will, der soll jetzt seinen Tabak hier in die Mitte werfen.« Aus verschiedenen Richtungen flogen die Tabaksbeutel, Pfeifen, Blättchen, Tabak und Zigarettenschachteln nach vorne.

Um ehrlich zu sein, mußte ich mir eingestehen, daß ich gar nicht frei werden wollte. Dazu rauchte ich viel zu gerne, mindestens sechzig Selbstgedrehte am Tag. Der Evangelist betete, und mittendrin behauptete er: »Wenn du nicht frei werden willst, kann Jesus auch deinen Willen verändern. Du mußt ihn nur darum bitten . . .« Daraufhin hielt ich meinen Tabaksbeutel um so fester und verkrampfte mich regelrecht. Ich wußte, daß Jesus meinen Willen verändern konnte. Aber ich wollte gar nicht, daß er meinen Willen veränderte. Ich wollte nicht frei werden. Ich wollte rauchen.

Der Missionar verschwand zwar wieder aus meinem Leben, aber mir ließ die Sache mit dem Rauchen keine Ruhe.

Gott hatte gesprochen, und ich war am Zug, egal wie sehr ich mich dagegen sträubte. Also unternahm ich in den nächsten Monaten zwei, drei mühsame halbherzige Versuche aufzuhören, wurde aber rückfällig. Dabei stand mir ständig das Wort vor Augen: »Wen der Sohn frei macht, der ist wirklich frei.« Mich frustierten diese ewigen Rückfälle, zumal Irene schon seit einiger Zeit frei war.

Jetzt nach meiner Generalreinigung klopfte Gott so laut bei mir an, daß ich es nicht länger überhören konnte und durfte. Mir wurde bewußt, daß mein Körper ein Tempel des Heiligen Geistes sein sollte, den ich nicht weiterhin beschmutzen durfte. Nachdem ich eine Zigarettenschachtel aufgeraucht hatte, entschied ich mich, endgültig zu gehorchen, und betete: »Bitte Herr, hilf mir und befreie mich von meiner Zigarettensucht. Vergib mir, daß ich meinen Körper durch Nikotin zerstört habe.«

Am nächsten Morgen nach dem Frühstück überfiel mich heftiger Lungenschmacht. Dennoch schaffte ich es, nein zu sagen, als mir jemand eine Zigarette anbot. Es schien mir, als wenn mir der Teufel selbst die Schachtel hinhalten würde. Am Nachmittag überwand ich erfolgreich eine ähnliche Versuchung. In mir wuchs die Gewißheit: Ich bin frei! Ich bin wirklich frei!

Der Geist Gottes durchforschte Irenes und mein Leben. Auch vor der Musik, einem der letzten unerkannten Götzen, machte er nicht halt.

Die offensichtlich okkulten Platten zierten zwar noch unsere Regale, aber wir hörten sie seit geraumer Zeit nicht mehr. Die nicht so offensichtlich finsteren LPs nahmen wir weiterhin zu uns wie das tägliche Brot. Ein Leben ohne Musik war für uns unvorstellbar. Aber als wir die Texte genauer unter die Lupe nahmen, bekamen wir Stielaugen, womit wir uns da täglich fütterten. Da wurde der Antichrist verherrlicht, zu Perversion aufgerufen, Brutalität vermittelt und die wildesten Drogenphilosophien über dem Hörer ausgeschüttet.

Diese Offenbarungen entsetzten mich in zweierlei Hinsicht. Zum einen wußte ich, daß ich diese Musik, die ich so heiß liebte und die mich durch mein ganzes Leben begleitet hatte, als Christ nicht mit reinem Gewissen hören konnte. Zum anderen gab es keine christliche Musik, die ich hätte hören wollen, denn christliche Rockmusik existierte nicht.

Mit so trüben Zukunftsaussichten versuchte ich, mit Gott zu dealen. Ich schlug ihm vor, nur die Schallplatten von Black Sabbath und ähnlich okkulten Gruppen wegzuschmeißen. Aber prompt wurde mir klar, daß ich versuchte, mich selbst übers Ohr zu hauen und einen faulen Kompromiß einzugehen. Wieder einmal stand ich vor der Alternative: ganz oder gar nicht mit Jesus. Also, dann ganz mit Jesus.

Wir räumten die Plattenregale leer. Bei jeder Scheibe, die ich auf den großen Haufen legte, spürte ich zugleich die Trauer des Verlusts und die Freude über ein Stück neugewonnene Freiheit. Die einzige LP, die wir stehenließen, war das Messias-Oratorium von Händel. Das hatte ich mir in einem Anfall von Sentimentalität von Nesh geliehen. Von den ausgeräumten Regalen wanderten unsere Blicke weiter durch die Wohnung. Nun sahen wir viele Dinge, die dort hingen und standen, mit anderen Augen. Der Heilige Geist zeigte uns, daß wir alles, was uns mit unserer Vergangenheit verband, rausschmeißen sollten: Shillums, Wasserpfeifen, Räucherstäbchen, indische Öle, okkulte Poster, Bücher, Schmuck, Tapetenbücher voll mit alten Fotos, teure Szenenkleidung, Lederjacken und Satinhosen aus London und Amsterdam, Briefe und Götzen. Wir trugen den Plunder aus den letzten Winkeln unserer Wohnung zusammen und stapelten es neben den Platten. Zur Krönung stellten wir den Fernseher oben auf den Berg unseres alten Lebens. Wir wollten ganz neu anfangen.

Eine Fuhre nach der anderen karrten wir in die Müllverbrennungsanlage, weil wir von solcher Radikalität auch im

Neuen Testament lasen. Die Epheser trugen ihren ganzen Klimbim, den sie für ihre Zauberei gebraucht hatten, zusammen und verbrannten ihn öffentlich.

Die Angestellten auf der Kippe sahen uns äußerst befremdet dabei zu, wie wir ein Teil nach dem anderen im Gesamtwert von Zehntausenden von Mark dem Feuer zum Fraß vorwarfen. Einer bemerkte fassungslos: »Ihr müßt ja euer Leben leid sein!« »Genau«, antwortete ich strahlend, »wir haben unser altes Leben gründlich satt, darum haben wir ein vollkommen neues begonnen!« Als wir zurückkamen, erwartete uns eine ungemütlich kahle Wohnung.

An einem der darauffolgenden Tage platzte Benno mitten in unser Umbruchschaos. Hatte er mich schon die ganze Zeit skeptisch beobachtet, geriet er jetzt komplett aus der Fassung. Ein Blick auf das leergefegte Plattenregal genügte, um ihm den kalten Schweiß auf die Stirn zu treiben. »Wo hast du denn die Platten hingetan?« stieß er verwundert hervor. »Ich habe sie zur Müllverbrennung gebracht.« Während ich die Worte aussprach, wußte ich, was ich ihm damit antat. »Du hättest sie doch mir geben können ...«, meinte er enttäuscht. Wie sollte ich ihm verständlich machen, daß das, was mir schadete, ihm auch nicht guttat, denn er glaubte ja noch nicht einmal.

Um die Situation zu retten, behauptete ich, daß Jesus mir nun neue Musik gegeben hätte, und legte das Messias-Oratorium auf den Plattenteller. Als Benno die ersten Töne hörte, schlug er vor »Begeisterung« die Hände über dem Kopf zusammen. Wenn ich ehrlich war, fand ich den Sound auch schrecklich. Die Platte motivierte mich eher dahingehend, lieber ganz auf Musik zu verzichten.

Diese Situation brachte einen Knick in unsere Freundschaft. Unsere Wege trennten sich. Für ihn war ich mittlerweile wohl doch zu fromm. Wir hatten keine gemeinsame Basis mehr, und unsere Interessen wurden offensichtlich gegensätzlicher. Wie Benno verstanden die meisten meiner alten Freunde von der Szene nicht, was mit mir los war und warum ich tat, was ich tat. Ich konnte sie gut verstehen, noch vor gar nicht langer Zeit hätte ich genauso reagiert wie sie.

So wie wir räumten in dieser Zeit viele der Jesus-People ihr Leben gründlich auf. Doch manche von ihnen blieben in halbherzigen Versuchen stecken. Auf der Farm konnte man einige Musterbeispiele hierfür antreffen. Bei einem Besuch, den wir dort oben machten, sah ich im Morgengrauen eine Gestalt durch den Garten tigern. Der Typ stocherte mit einer Schippe in der Erde 'rum und fand auch bald, wonach er suchte. Auf leisen Sohlen trug er klammheimlich die ausgegrabenen Schätze in sein Zimmer. Ich wußte, was er da mit sich rumschleppte. Er hatte die Schallplatten ausgebuddelt, die einige als Akt ihrer Lebensbereinigung am Tag zuvor dort vergraben hatten. Von da an besaß er eine große Plattensammlung.

Eine ähnliche Situation hatte ich bereits damals erlebt, als der Zigeunermissionar zur Abkehr vom Rauchen aufrief. Nach der Versammlung stürzte sich ein ganz Eifriger auf die weggeworfenen Rauchutensilien und hätte damit fast einen Kiosk eröffnen können.

Doch ich wollte radikal sein, und so räumte ich gründlich mit meiner Vergangenheit auf.

Selbst vor meiner Ausdrucksweise machte der Heilige Geist nicht halt. So wußte ich, daß ich mit den »Bullen« und dem bekannten Zitat von Götz von Berlichingen und ähnlichen Schimpfworten brechen mußte. Jesus erlaubte mir nicht länger, solche Ausdrücke in den Mund zu nehmen, um damit andere Menschen abzukanzeln und zu verletzen. Ich durfte nicht ihn anbeten und gleichzeitig das Vokabular der Hölle benutzen.

Als nächstes kamen die Haare dran – meine ganze Identität! Was hatte ich für sie nicht alles erlitten, hatte mich beschimpfen und anpöbeln lassen und den Familienfrieden aufs Spiel gesetzt. Meine ganze Weltanschauung, meine Wertvorstellungen fielen in diesem Moment der Schere zum Opfer und landeten Zentimeter für Zentimeter auf dem Fußboden. Ich hätte schreien können, es tat mir fast körperlich weh. Aber ich wußte: Für mich gab es kein Zurück.

Nun stand ich da! Alles, was ich war und besaß, hatte ich Jesus gegeben. Ich hielt dem Herrn mein Vakuum entgegen und fragte ihn traurig: »Wer bin ich denn jetzt noch? Ich bin kein Freak mehr, aber ich bin auch absolut kein Spießer und will auch keiner werden. Sag mir doch, was ich tun soll.« In meine Verzweifelung hinein brach sein Friede, und Jesus sprach: »Ich will nicht, daß du ein Spießer wirst, aber ich will auch nicht, daß du ein Freak bleibst. Du sollst als Christ leben. Folge mir nach, und ich werde dir zeigen, was es heißt, mein Jünger zu sein.« Nach dieser Antwort war es mir leicht, meine Vergangenheit hinter mir gelassen zu haben. Hoffnung und Zuversicht erfüllten mich, ich besaß wieder Perspektive.

Jesus Is the Answer . . .

Da ich mich nicht auf eine fromme Insel zurückzog, bekam ich mit, wie sich die Drogenszene entwickelte. Die alten Freaks beklagten sich, daß unsere Szene dabei war auseinanderzubrechen und die Ideale, für die wir gemeinsam gekämpft hatten, kommerzialisiert wurden und verschwammen. Jüngere rückten nach, und sie kostete es kaum noch etwas, Freak zu sein, dementsprechend hatten sie auch kein Profil. Ich hörte mir die Klagen der alten Hippies an, aber es betraf mich nicht mehr. Ihr Kampf war schon lange nicht mehr mein Kampf. Meine Front lag jetzt ganz woanders.

Zahllose Leute gingen durch Heroin vor die Hunde, Linkereien waren an der Tagesordnung. Führende Köpfe, die dem Ganzen noch etwas Sinn und Zielsetzung hätten geben können, waren inzwischen entweder selbst völlig abgewrackt, oder es gab sie nicht mehr.

Während ich diese Entwicklungen registrierte, erreichte mich eine schreckliche Nachricht. Ein guter Bekannter, der mit Heroin handelte und selbst drauf war, hatte Mist gebaut. Er war in eine Polizeikontrolle geraten und daraufhin in Panik geflüchtet. Der Polizei gelang es aber, den Amokfahrer bis zu seiner Wohnung zu verfolgen. Mit Frau und Kind verriegelte sich der Junkie in seiner Wohnung und drohte, aus dem Fenster zu springen, falls die Polizei dort eindringen würde. Die Ordnungshüter breiteten ein Sprungtuch unter seinem Balkon aus und brachen die Wohnungstür auf. Hierauf drehte der Typ durch und stürzte sich aus dem Fenster des vierten Stocks in die Tiefe. Er landete neben dem

Sprungtuch auf dem Bauch. Lebensgefährlich verletzt brachte man ihn ins Krankenhaus.

Dort besuchte ich ihn des öfteren. Obwohl er sich fast bekehrte, machte er nicht den letzten entscheidenden Schritt. Ich erlebte immer wieder, daß Leute sehr nah ans Reich Gottes herankamen, dann aber die Kosten überschlugen und doch einen Rückzieher machten. Sie verstanden einfach nicht, daß es nichts Größeres und Besseres gab als ein Leben mit Jesus. Aber andere »verstanden«, und ihr Leben wurde radikal umgekrempelt. Es verging fast kein Tag, an dem sich nicht jemand bekehrte.

Manuel und ich bekamen eines Abends die Inspiration, nach Lüdenscheid zu fahren. Wir empfanden es als Gottes Willen, ein befreundetes Ehepaar, das eine Kneipe besaß, zu besuchen. Kurz vor Mitternacht kamen wir an. Die letzten Gäste waren bereits gegangen. Die beiden staunten nicht schlecht, als wir plötzlich auftauchten. Auf unsere Frage, wie es ihnen ginge, antworteten sie ehrlich: »Beschissen.« Daraufhin legten wir ihnen auseinander, daß Jesus die Antwort auf ihre Probleme sei. Sie glaubten uns und bekehrten sich in derselben Nacht.

Das Ehepaar wurde gleich konsequent in seiner Nachfolge, indem sie ihre Kneipe zu einem Ort umfunktionierten, wo ab sofort das Wort Gottes verkündigt wurde. So mancher bekehrte sich in ihrer Küche. So ging die Erweckung ebenfalls in die Lüdenscheider Szene hinein. Orte, die bis dahin für den Teufel ein souveränes Territorium dargestellt hatten, waren ihm nun nicht länger sicher.

Kaum hatten wir in unserer Gemeinschaft die Generalreinigung so einigermaßen verkraftet, kam einer der ehemaligen Discjockeys mit der nächsten Herausforderung um die Ecke. »Wißt ihr, wo ich gerade war?« platzte er heraus. Ohne eine Antwort abzuwarten, sprudelte er weiter: »In einem Kaufhaus, in der Personalabteilung.« »So«, fragte ich leicht belustigt, »willst du jetzt wieder arbeiten gehen?« »Nein«, erwiderte er, »ich habe in diesem Kaufhaus gestohlen, und der Heilige Geist hat mir gezeigt, daß ich dort fragen sollte, wie ich es wieder gutmachen könnte.«

Hier redete unverkennbar Gott! Jeder, der sich im Raum befand, war auf der Stelle überführt. Auch ich, denn ich hatte geklaut wie ein Rabe. Ich konnte nicht gerade behaupten, daß mich diese Überführung begeisterte. Ganz und gar nicht! Wiederum kamen Rebellion und Widerstand in mir hoch. Doch dieses Mal ging ich damit anders um. Gott hatte gesprochen, und so fragte ich Jesus, wo ich persönlich anfangen mußte, mein Leben in Ordnung zu bringen. Die meisten gingen zuerst in die Geschäfte, in denen sie gestohlen hatten. Ich überlegte, daß ich das ebenso tun sollte. Aber der Heilige Geist führte mich an einen völlig anderen Punkt: mein Vater! »Au weia, au weia«, seufzte ich, »da stimmt's ja vorne und hinten nicht!«

Verschwommene Bilder aus meiner Kindheit tauchten vor mir auf: ... wie ich als kleiner Junge mit erwartungsvollen Augen vor meinem Vater stand. Er war mit einer verheißungsvollen Botschaft nach Hause gekommen: »Es findet ein großes Manöver statt. Ich nehme dich mit zum Bahnhof. Da kannst du endlich mal die echten Panzer sehen, wie sie verladen werden.« An diesem Tag rückte das britische, amerikanische und kanadische Militär aus, um ins alljährliche Manöver zu ziehen. Ich war völlig aus dem Häuschen vor Freude. Der große Augenblick rückte näher, und wir wollten gerade losgehen, da durchkreuzte meine Mutter zu meinem großen Entsetzen unsere Pläne: »Das ist nichts für den Jungen! Der bleibt hier.« Es entlud sich ein herber Krach zwischen meinen Eltern, und ich stand zwischen ihnen. Mein Vater wollte mich mitnehmen, meine Mutter beharrte: »Der Junge bleibt hier.« Nach heftigem Schlagabtausch ging meine Mutter als Siegerin aus der Schlacht hervor. Mein Vater ging ohne mich. Fassungslos und vollkommen niedergeschlagen blieb ich zurück bei meiner Mutter. Ich liebte meinen Vater über alles und bewunderte ihn grenzenlos! Doch nun hatte er mich bitter enttäuscht. Niedergeschmettert stellte ich fest: »So ein Verräter!« Von da an vertraute ich ihm nicht mehr so bedingungslos, begann, ihn zu beobachten, und entdeckte dabei natürlich seine Fehler. Unser Verhältnis bekam einen Riß, der mit den Jahren tiefer wurde.

Weitere Bilder stiegen in mir auf, in denen ich sah, wie ich mich gegen meinen Vater aufgelehnt hatte. Korrektur, die er mir in mein Leben geben wollte, hatte ich rebellisch abgelehnt. Was mich an diesen Auseinandersetzungen am meisten gewurmt hatte, war, daß mein Vater so oft recht behielt. Doch ich hörte nicht auf ihn, so wie ich auf keine Autorität hörte. Ich wollte niemanden über mir anerkennen, wollte nicht, daß jemand in mein Leben hineinredete.

Alle Streitigkeiten der letzten Jahre zogen an meinem inneren Auge vorbei. Gleichzeitig wuchs mit jeder Erinnerung meine Sehnsucht, die Kluft zwischen uns zu überwinden, und ich wußte, daß Jesus die Brücke zu meinem Vater war.

Der Berg, der sich in den Jahren durch Zwistigkeiten und Gegensätzlichkeiten aufgetürmt hatte, schien unüberwindbar. Wie sollte ich ihn bezwingen? Doch Gottes Wort forderte mich heraus: »Wenn du nur Glauben hast wie ein Senfkorn, sprich zu diesem Berg: Hebe dich hinweg, und der Berg wird sich hinwegheben.« So sprach ich zu diesem Berg: »Hebe dich hinweg.« Das entfachte neue Hoffnung in mir, und entschlossen ging ich nach Hause.

»Ich muß mal mit dir reden«, eröffnete ich zögernd. Mein Vater wehrte zunächst ab. Meine Art machte ihn unsicher. Aber ich gab nicht auf: »Papa, ich war ein Chaot. Ich habe Drogen genommen und vieles falsch gemacht. Ich habe nicht auf dich gehört und habe dich verletzt. Bitte vergib mir, ich möchte mich mit dir versöhnen.«

Mein Vater versuchte verlegen, die Sache wegzuwischen: »Ach Junge, das war doch nicht so schlimm . . .« Aber ich beharrte darauf, mich mit ihm zu versöhnen. Bewußt erwähnte ich nicht die Verletzungen, die er mir zugefügt hatte, sondern ich wollte nur, daß ich Vergebung für meine eigene Schuld bekam und mein Vater mir vergab. Da hörte ich, wie er plötzlich sagte: »Junge, ich habe auch nicht immer richtig gehandelt ... ich war so oft hilflos und habe nur reagiert. Kannst du mir auch verzeihen?« Wir nahmen uns in die Arme und vergaben uns.

Stück für Stück brachte ich mein Leben in Ordnung, rief alte Lehrer an, ging zum Direktor und bat um Vergebung für meine rabaukenhaften Auftritte. Zusätzlich mußte ich in einige Geschäfte gehen und Diebstähle bekennen. Seltsamerweise traf ich überall auf offene Türen. Keiner stellte Strafantrag oder forderte sonst eine Art von Schadensersatz. Im Gegenteil, niemand wollte mir einen Stein in meinen neuen Weg legen. Ich fuhr auch zu den Verwandten meiner Mutter und bat dort um Vergebung für mein protziges Gehabe. Wir konnten sogar miteinander beten.

Eigentlich hätte ich durch diese Erfahrungen ermutigt sein können, an das letzte »Ding« ranzugehen. Aber ich traute mich nicht. Es schien mir zu heavy.

Nachdem wir aus der Drogen-Kommune ausgezogen waren, bekamen die restlichen Mieter allesamt die Kündigung. Ein neuer Vermieter hatte das Haus übernommen und wollte keine Hippies in seinem ach-so-schönen Eigentum. Er war ein echter Spießer. Zwar betraf uns die Kündigung nicht, aber unsere Empörung reichte aus, daß wir unseren alten Kommunarden halfen, das ach-so-schöne Mobiliar, das teilweise dem Vermieter gehörte, auf einen LKW zu laden und es großzügig unter uns aufzuteilen. Irene und ich behielten nichts von unserem Anteil, sondern gaben es Leuten, die es gebrauchen konnten.

Daraufhin folgte eine Anzeige des Vermieters, und die Polizei kam in unsere neue Wohnung, um nach den Möbeln zu suchen. Da sie nichts fanden, konnten sie uns nichts beweisen. Um der ganzen Sache die Krone aufzusetzen, drohten wir dem Vermieter eine Verleumdungsklage an, falls er es nochmal wagen würde, uns damit zu behelligen.

Nun sah ich diese Geschichte in einem anderen Licht: Es war Diebstahl. Bei der Vorstellung, zu diesem Mann hingehen zu müssen, überfiel mich fürchterliche Angst. Zudem wußte ich nicht, wo ich so eine riesige Geldsumme hernehmen sollte, um den Verlust zu bezahlen. So schob ich die Angelegenheit auf des Teufels liebstes Möbelstück, die lange Bank. Wenn sie mich in meinem Gewissen anklagte, verdrängte ich sie, indem ich mir einredete, daß Jesus mir ja vergeben hatte. Grundsätzlich stimmte das, nur erwartete Jesus zusätzlich meine Bereitschaft, dafür geradezustehen.

In dieser Zeit hatte ich einen Traum. Ich befand mich mit einigen meiner Freunde zusammen auf einem gemeinsamen Weg, als ich im nächsten Augenblick realisierte, daß ich nur noch alleine dastand. Ich schaute mich um und sah, wie sie sich abwandten, den Weg zurückgingen und sogar rechts und links abfielen. Jesus sprach ganz klar zu mir: »Willst du auch abfallen? Oder gehst du mit mir, selbst wenn dich die anderen im Stich lassen?« Ich wachte auf und entschied mich: »Auch wenn sie dir alle absagen, ich will bei dir bleiben, Herr.« Mein Entschluß stand unumstößlich fest, gleich welche Konsequenzen er haben würde.

Inzwischen wurde das Leben der einzelnen in unserer Gemeinschaft von Jüngerschaft durchkreuzt. Das trennte die Spreu vom Weizen und war ein schmerzhafter, aber gesunder Prozeß. Die Reihen lichteten sich. Eine Ernsthaftigkeit und ein Anspruch von Gottes Herrschaft breitete sich in unserem Leben aus, dem die nicht standhalten konnten, die sich nur auf einen Jesus-Trip begeben hatten. Waren die ersten schon bei der Taufe im Heiligen Geist abgesprungen, so fielen die nächsten bei der Buße ab. Als es dann darum ging, das »Freaksein« aufzugeben und das Leben ganz praktisch in Ordnung zu bringen, waren die nächsten fällig.

Doch eine große Gruppe blieb übrig. Gemeinsam gingen

wir durch dick und dünn. Natürlicherweise flogen auch bei uns von Zeit zu Zeit die Fetzen. Streit wurde sehr offen und direkt ausgetragen. Manchmal gab es regelrechten Zoff. Doch lieber hauten wir uns die Brocken um die Ohren, als daß wir Frieden heuchelten, wo gar kein Friede war. Grundsätzlich versöhnten wir uns bis zum Ende eines Tages, denn wir hielten uns buchstäblich an das Wort, daß man die Sonne nicht über seinem Zorn untergehen lassen sollte. Wir demütigten uns voreinander, baten um Vergebung, und alles war wieder okay.

Ich wollte diese Beziehungen nicht missen. Mit manchen von meinen jetzigen »Geschwistern« hätte ich früher nie zusammensein wollen. Aber jetzt mit Jesus in der Mitte hatte ich echte Freundschaften geschlossen. Seit der Geistestaufe hatten sich diese noch vertieft.

In allem, was wir taten, suchten wir das richtige Maß und schlugen dabei doch gelegentlich derbe über die Stränge. Als wir die neuen Sprachen entdeckten, tendierten einige dazu, fast nur noch in Zungen zu reden. Oder als der Herr uns sagte, wir sollten aufhören zu arbeiten, beurteilten wir die, die arbeiten gingen, als reichlich ungeistlich.

Einmal fuhren Nesh und ein anderer Bewohner unserer WG los. Sie fühlten sich unter einer besonderen Führung des Heiligen Geistes und wußten nicht, wohin es gehen würde. Auf dem Rückweg reichte die Salbung scheinbar nur bis zum Stadtrand von Iserlohn, dann brach ihnen der R4 endgültig unterm Hintern zusammen. Das letzte Stück nach Hause mußten sie laufen. Sie waren bis in den Schwarzwald gelangt und dort auf eine weitere Jesus-People-Kommune gestoßen.

Enthusiastisch berichteten sie, daß diese Gruppe viel weiter wäre als wir. »Die haben so richtig Ordnung in ihrem Leben«, schwärmte Nesh, und seine Augen strahlten. Als er im einzelnen ausmalte, wie es bei denen zuging, drehte sich mir der Magen um. »Morgens um fünf Uhr stehen sie auf und frühstücken. Jeder bekommt genau ein Brötchen ...« Es klang für mich wie eine Schreckensvision. Ich sah schon jeden von uns vor seiner täglichen Ration sitzen: ein Brötchen. »Und den ganzen Tag haben sie genau eingeteilt.« Ich kriegte es in der Birne, vor allem, als mir klar wurde, daß er ernsthaft meinte, wir sollten jetzt bitteschön auch so leben. Daraufhin entbrannte eine ellenlange Debatte. Das Ende vom Lied war, daß wir uns in zwei Lager spalteten.

Die eine Gruppe wollte einen strafferen Lebensstil und stand hinter Nesh. Die anderen wollten das absolut nicht und sympathisierten mit mir. Die »Straffen« zogen sich ins Wohnzimmer zurück, die »Lockeren« in den anderen Teil der Wohnung. Wir schlossen die Tür dazwischen zu und wollten nichts mehr miteinander zu tun haben.

Da wir damals unsere Musik noch nicht weggeschmissen hatten, kauften wir, die Ungeistlichen, uns erstmal eine Flasche Wein und drehten den Verstärker voll auf. Mir war alles egal, wenn mir bloß diese kleinkarierten Ornungsliebhaber vom Hals blieben. »Die haben doch 'ne Macke!« Im Wohnzimmer saßen die angeblich Geistlichen und guckten Fernsehen. Als einer von ihnen rüberkam und die blöde Bemerkung fallenließ: »Hähähä, guck dir diese ungeistlichen Abdröhner an, sie lassen sich wieder vollaufen«, da war es genug, es reichte mir: »Und ihr! Ihr guckt den ganzen Tag in die Glotze! Ihr habt schon quadratische Augen!»

Es brauchte nur wenige Sekunden, und wir waren beide überführt. Wieder mal galt es, Buße zu tun. Danach war die Luft rein und wir uns einig, daß Gott uns einen eigenen Lebensstil zeigen mußte.

Meinen extremsten Ausrutscher leistete ich mir bei meinem Vater, der ja zu meinem Bedauern noch zu den Mormonen ging. Wir hatten in der Vergangenheit einige heftige Diskussionen miteinander ausgefochten, die aber fruchtlos verlaufen waren. Zu allem bereit, entschloß ich mich, die Sache auf den Punkt zu bringen und ihm endgültig zu zeigen, daß seine Mormonenlehre finster war. Ich legte meine Bibel auf den Tisch und forderte ihn heraus: »Leg deine Mormonen-Bücher daneben. Ich werde beten, daß Gott Feuer vom Himmel schickt und das Falsche verbrennt ...« Ich fühlte mich wie Elia auf dem Berg Karmel, als er die Baalspriester herausforderte. Mein Vater reagierte mit außerordentlicher Heftigkeit. Er wurde böse und erhob seine große Waldarbeiterhand, um mir eine zu scheuern. Doch während er ausholte, stockte er und ließ resigniert seine Hand sinken. In diesem Augenblick sprach Gottes Geist unüberhörbar zu mir: »Du sollst nicht mit deinem Vater diskutieren, du sollst ihn lieben.«

Von da an debattierten wir nie wieder über diese Dinge, sondern ich fing an, für ihn zu beten und in kleinen praktischen Schritten eine Beziehung zu ihm aufzubauen. Sie wuchs und damit auch meine Liebe zu ihm.

Ein ganz interessantes Kapitel schlug Gott auf, als er anfing, mit Irene und mir über unser Verhältnis zu sprechen. Seit unserer Bekehrung war es stetig bergauf gegangen, und wir verstanden uns gut. Wir fühlten uns von Gott gesegnet und zusammengeführt.

Das hatte ich allerdings vor einiger Zeit kurz angezweifelt, denn ich war überzeugt, wenn man etwas nicht ausdrücklich von Gott bekommen hatte, es auf seinen Altar zurücklegen zu müssen. So machte ich mir Gedanken über Irene. Hatte er sie mir gegeben, oder hatte ich sie mir selbst genommen, denn sie war ja bereits ein Teil meines alten Lebens gewesen. So dankbar ich dafür war, daß wir diesen Weg zusammen gehen konnten, verunsicherte mich doch die Vorstellung, daß ich sie mir eigenmächtig genommen haben könnte. Um ganz sicherzugehen, nichts falsch zu machen, entschied ich mich gegen meine Empfindungen. Ich entschloß mich, sie an Gott zurückzugeben und unsere Beziehung in seine Hände zu legen.

Als ich von einer Reise nach Hause kam, teilte ich ihr meinen Entschluß mit. Auch sie hatte bereits geahnt, daß sowas kommen mußte. So lagen wir uns mal wieder weinend in den Armen und gaben Gott unsere Liebe im Gebet ab. Wir brauchten einen halben Tag voller tränenreicher Gebete, bis wir uns endgültig klar darüber waren, daß wir zusammengehörten. Es mußte sein Plan sein, sonst hätte er uns nicht gemeinsam zu sich gezogen.

Von etlichen Seiten war die Frage der Heirat an uns herangetragen worden. Wir lasen es in Traktaten, und auch die Evangelisten, die wir trafen, fragten uns nach unserem Verhältnis. Doch mit ihrem Fragen stießen sie bei uns auf Granit. Wir fühlten uns verheiratet und brauchten diesen Umstand nicht durch ein amtliches Gelöbnis zu unterstreichen. Im Zuge der allgemeinen Überführung wurde diese heikle Frage zunehmend brenzliger. Durfte man zusammenleben ohne Trauschein, oder lag darauf kein Segen?

Wir forschten in der Bibel und stießen auf die Notwendigkeit, einen Bund vor Gott und den Menschen zu schließen. Zudem wollten wir uns der bestehenden Obrigkeit unterordnen, so wie es in Psalm 119 beschrieben wurde. Gott setzte seiner Schöpfung Ordnungen zu ihrem Schutz. Weil wir rebelliert hatten gegen jeden, der Autorität über uns ausüben wollte, hatten wir diesen Schutz verloren und waren letztendlich in Drogensucht und okkulten Bindungen gelandet.

So kam der große Tag, an dem wir uns dem bürgerlichen Gesetzbuch und dem Wort Gottes unterordneten und uns entschieden, unsere scheinbar große Freiheit und Unabhängigkeit aufzugeben. Wir machten kurzen Prozeß, teilten den Schritt unseren Eltern mit, fragten einige Freunde, ob sie Trauzeugen sein wollten, und gingen in unserer alltäglichen Kleidung zum Standesamt, um zurechtzubiegen, was wir seit Jahren lebten.

Die Trauung erwies sich als ein großes Frusterlebnis. Der Standesbeamte schien weder an Treue noch an Liebe zu glauben. Er hielt uns einen langen Vortrag darüber, wie man sich wieder scheiden lassen konnte. Anschließend gab es bei meinem Vater eine kleine Feier, und einige beteten für uns. Das war es dann.

Weihnachten stand vor der Tür. Das bedeutete für uns: die Liebe Gottes zu den Menschen bringen, insbesondere zu denen, die eigentlich nichts mehr vom Leben zu erwarten hatten, den Kranken und Alten.

Wir gingen in einen Buchladen und fragten dort nach Weihnachtspapier. Die Besitzerin vermachte uns eine riesige Rolle. Ermutigt von soviel Großzügigkeit, trabten wir zum xten Male in den Keller und schleppten die Kisten mit den Traktaten und Heftchen hoch in unsere Wohnung. Mit herzlichen Weihnachtsgrüßen packten wir sie schön ein und stapelten Hunderte solcher Päckchen in unserer Küche. In der Vorweihnachtszeit und an den Feiertagen waren wir stundenlang auf den Beinen und verteilten unsere Geschenke. Wir gingen von Krankenhaus zu Krankenhaus, von Altenheim zu Altenheim, von Etage zu Etage, von Zimmer zu Zimmer.

Anfangs gingen noch andere mit, aber zum Schluß blieben nur Irene und ich übrig. Viele freuten sich über unseren Besuch, und wir konnten mit ihnen beten, manche weinten vor Rührung, und andere wirkten tief verbittert gegenüber dem Christentum. Es schien uns fast unerträglich, was wir in diesen Tagen an Elend sahen.

Diese Weihnachtsaktion hinterließ in mir die Gewißheit, daß meine Beziehung zur älteren Generation geheilt war. Früher waren alte Leute bei mir »out«. Ich konnte nichts mit ihnen anfangen und sie nichts mit mir. Nun wußte ich, sie waren genauso verloren wie jeder noch so idealistische Freak. Auch sie brauchten Gottes Wertmaßstäbe in ihrem Leben und seine Vergebung. Mit dieser Erkenntnis fiel es mir nicht schwer, ihnen für das Erbe, das sie mir mit dem Nationalsozialismus hinterlassen hatten, Vergebung auszusprechen. Zum ersten Mal konnte ich dafür danken, ein Deutscher zu sein, und mich mit meiner Nationalität annehmen. Gott hatte mich schließlich bewußt als Deutschen auf die Welt kommen lassen. Das war sein Plan, als er mich im Mutterleib schuf.

In diesem Zusammenhang beschäftigte ich mich mit den Juden, und mir wurde klar, daß sie Gottes geliebtes auserwähltes Volk waren. Israel stellte den Zeiger an der Uhr des Weltgeschehens dar und mußte noch einen wichtigen Part ausfüllen, insbesondere im Hinblick auf die Wiederkunft Jesu. In dem Buch von Hal Lindsey »Alter Planet Erde wohin« wurde das Geschehen der letzten Tage sehr plastisch vor Augen gemalt. Ich verschlang es Seite um Seite, und in unserer Gemeinschaft wurde es bald der Hit. Wir begannen, verstärkt für Israel zu beten und Jerusalem zu segnen.

Jesus Puts the Song in our Hearts . . .

»Wenn sie uns besuchen wollen, wir sind Christen und wohnen in der . . .-Str. 42 a.« Die Idee mit dem Stempel war uns bei der Weihnachtsaktion eingefallen.

Wir drückten ihn auf alle Traktate und Heftchen, die wir nur finden konnten. Daraufhin kamen etliche Leute, um uns zu besuchen.

Gemeinsam zerbrachen wir uns den Kopf darüber, wie wir das Evangelium noch wirksamer verkündigen konnten. Es schien uns so mühsam, es nur auf der Mann-zu-Mann-Ebene zu tun. Am liebsten hätten wir es mitten auf der Straße laut propagiert: »Jesus lebt! Er ist gekommen, um euch zu heilen und zu befreien. Jesus will euch ein neues Leben geben.« Ja, warum sollten wir eigentlich nicht mitten auf der Straße predigen? Das war es!

Aber wie sollten wir das anstellen? Wir besorgten uns einen alten Tisch, sägten die Beine ein Stück ab, und wieder einmal mußten unsere Traktate aus dem Keller dran glauben. Auch mein Zeugnis »Endlich frei« von Werner Heukelbach war dabei. Unser Vorrat solcher Heftchen schien schier unerschöpflich. Wir lasen sie kaum selbst, weil wir sie ziemlich langweilig fanden. Aber immerhin hatten wir dadurch einen Ansatzpunkt, um mit Leuten ins Gespräch zu kommen.

Dann kam der Samstag, an dem wir auf die Straße gehen wollten. Die Vorbereitung fiel überdurchschnittlich gründlich aus: Wir beteten und beteten und beteten, bis endlich einer feststellte: »So, Schluß jetzt, laßt uns gehen.« Die Länge unserer Gebete war wohl mehr ein Ausdruck unserer

Angst als unseres Glaubens. Die Traktate unter den Arm geklemmt, die Gitarren über die Schulter geworfen, den Tisch zwischen uns, zogen wir los.

»Herr, schicke mir bloß keinen alten Bekannten über den Weg, und laß mich diesen Morgen heil überstehen«, betete ich innerlich. Doch kaum betrat ich die Straße, da kam mir schon mein ehemaliger Betriebsleiter entgegen. Am liebsten hätte ich augenblicklich die Straßenseite gewechselt. Aber ich wußte genau: Wenn du jetzt kneifst und ihm kein Traktat gibst, wirst du niemandem eins geben!

Der Mann reagierte reichlich verdattert, als ich ihn ansprach. Nach einigen Begrüßungsfloskeln überreichte ich ihm zitternd eins meiner Zeugnisse. Mit offensichtlicher Verwunderung nahm er es und ging weiter. Den ersten Sieg über den Teufel hatte ich in der Tasche. Er konnte mich nicht blockieren.

Wir verteilten ein Traktat nach dem anderen, und sofort ergaben sich etliche Gespräche. Leider hatten wir die Straße nicht nur für uns, sondern mußten sie mit den Kommunisten teilen, die heftige ideologische Wortgefechte anzettelten. Doch dazu waren wir nicht auf die Straße gegangen.

Wir kamen an unseren Einsatzort, sangen und beteten, verteilten danach unsere Blättchen und versuchten damit, den entscheidenden Augenblick rauszuzögern. Aber der Tisch mit den abgesägten Beinen vermittelte eine unübersehbare Botschaft: Irgendwann mußte einer raufsteigen und endlich beginnen zu evangelisieren.

Alle waren sich einig: »Walter, du mußt anfangen zu sprechen.« Ich ermutigte mich selbst, indem ich mir einredete: »Es ist wie Radfahren, du mußt nur aufspringen und in die Pedale treten. Das andere kommt von selbst.« Entschlossen ging ich in die Mitte, stieg auf den Tisch und legte lautstark los. Je entschlossener ich mich freistrampelte, desto begeisterter wurde ich von meinen eigenen Worten mitgerissen. Das war spitze, es machte mir riesigen Spaß! Nachdem ich geendet hatte, verflog meine Begeisterung allerdings schnell.

Schon zwei Minuten später konnte ich mich nicht erinnern, was ich überhaupt geredet hatte: »Vielleicht habe ich den letzten Blödsinn gequatscht! ... Stehengeblieben ist nicht die Masse, und von Bekehrungen ganz zu schweigen!« Aber bald verflüchtigte sich der erste Anflug von Frust, und ich faßte neuen Mut, denn immerhin: Ich hatte öffentlich gepredigt.

Das Ergebnis des Straßeneinsatzes bestand darin, daß wir am Ende dieses Tages unsere Wohnung voller Menschen hatten, die mit uns sprechen und Zeit verbringen wollten. Viele, die tatsächlich erfaßten, was wir meinten, kamen immer wieder. Manche gaben sogar ihr Leben Jesus.

Stundenlang diskutierte ich mit unseren Besuchern über den Papst und die ungerechte Haltung der Kirche gegenüber den Armen. Dabei fiel mir oft auf, daß sie nicht über die Person Jesus reden konnten, ohne damit eine Konfession oder Institution zu meinen. Man mußte eine dicke religiöse Mauer aus Klischees und Tradition durchbrechen, bevor man an das Eigentliche, das Herz des anderen, herankam und das Gespräch ehrlich und offen wurde.

Aber wie die Leute auch reagierten und was immer es auch an Konsequenzen brachte, in mir erwachte mit diesem Tag ein Traum. Ich wollte das Wort Gottes predigen: auf der Straße, in Hallen, zu Einzelnen, zu Hunderten, zu Tausenden ... Ich würde sie aufrufen, ihr Leben Jesus zu geben, und sie würden sich bekehren. Dieser Traum nahm mich gefangen und trieb mich voran.

Eines Tages überraschte Gott unsere Gruppe mit einer neuen Botschaft: »Meine Kinder, ich habe noch andere Schafe in meinem Stall.« Mit diesem Wort konnten wir nichts anfangen. Als wir daraufhin beteten, kamen wir zu der Überzeugung, daß wir wahrscheinlich nicht die einzigen Christen in dieser Stadt waren. Es mußte noch andere geben, und Gott schien zu wollen, daß wir sie suchen sollten.

Aber wo konnten diese Christen nur stecken? Wir wandten uns an Werner Heukelbach. Sein Sohn schrieb uns einen freundlichen Brief, in dem er anmerkte, daß sein Vater seit einigen Jahren tot sei, und nannte uns fünf Adressen von verschiedenen Freikirchen.

Wir standen augenblicklich vor einem Problem: War das biblisch? Immerhin war in der Bibel immer nur von einer christlichen Gemeinde in einer Stadt die Rede. Paulus schrieb an die Gemeinde in Korinth, in Ephesus oder an die Kolosser . . . und wieso gab es dann bei uns fünf Gemeinden und uns noch dazu? An welche Adresse hätte Gott wohl in Iserlohn sein Sendschreiben geschickt . . .?

Nach einigem Kopfzerbrechen fanden wir eine plausible Erklärung, warum das wohl so war. Wahrscheinlich gab es so viele Christen in unserer Stadt, daß es keine Halle gab, die diese Massen fassen konnte. So fanden wir es eigentlich ganz vernünftig, sich an mehreren kleinen Orten zu treffen. Daß sie »eins« waren, sah man ja schon an den Namen. Die klangen sehr ähnlich; alle benutzten die gleichen Worte: frei – christlich – evangelisch – Gemeinde und Gemeinschaft. Wie auch immer, wir wollten die anderen Schafe kennenlernen, und mit Hilfe der Adressen machten wir uns auf die Suche.

Am nächsten Sonntag fielen wir für unsere Begriffe ungewöhnlich früh aus dem Bett, putzten uns sonntäglich raus und machten uns auf den Weg, die anderen Schafe kennenzulernen.

Die erste Gemeinde, die wir besuchten, traf sich in einer alten Fabrik. Um fünf vor zehn erklommen wir die Treppe, die zu ihrem Versammlungsraum führte. Vorne waren einige Reihen frei, die nahmen wir gleich ein. Wir merkten schon, daß unser Erscheinen Aufsehen erregte. Schließlich war die Schar der üblichen Gottesdienstbesucher klein und überschaubar, da fielen wir schwer ins Gewicht. Für unsere Verhältnisse sahen wir sehr ordentlich aus, wo wir doch unsere Haare geschnitten hatten, selbst wenn bei manchen nur die Haarspitzen unters Messer gekommen waren. In unseren braven Eigenkreationen aus den unmöglichsten Stoffen, einschließlich einiger Übergardinen, mußten wir auf sie recht seltsam wirken. Aber selbst wenn wir Geld gehabt hätten, um Kleidung zu kaufen, hätten wir kaum so rumlaufen wollen wie sie, denn mit ihrem Stil konnten wir uns absolut nicht identifizieren.

Die Bibelauslegung fanden wir äußerst trocken, und auch ansonsten rauschte der Gottesdienst an uns vorbei. Hier gab es für uns kaum etwas zu holen, was sich »verwerten« ließ. Die Atmosphäre ließ sich am ehesten mit einer Tiefkühltruhe vergleichen. Wir stellten uns vor, daß wir hinterher ausgiebig mit den Leuten Zeit verbringen würden. Sicherlich wollten sie uns gerne kennenlernen. Doch unser erster Kontakt ging nicht über ein bißchen Geplänkel hinaus, denn die meisten zog es nach Hause zum Mittagessen. Wir blieben alleine zurück.

Okay, dachten wir, probieren wir es noch einmal. Aber am nächsten Mittwoch an ihrem Bibelabend erwartete uns auch nichts Neues. Nur kam man jetzt leichter ins Gespräch. Das bestand allerdings zum größten Teil aus ihren prüfenden Fragen: »Wer seid ihr? Wo kommt ihr her?« Ganz naiv, ohne Böses zu ahnen, schilderten wir ihnen alles, angefangen von unserer Bekehrung, Geistestaufe, Zungenreden, über Befreiung von Dämonen und Drogen bis hin zur Buße. Daraufhin brach es über uns herein, wie Wasser über Feuer: »Seid ihr etwa Pfingstler? Seid ihr Charismatiker?« Jähes Entsetzen machte sich unter den Gemeindemitgliedern breit, und wir verstanden nur noch »Bahnhof«. Beim besten Willen konnten wir ihre Fragen nicht beantworten, denn wir wußten weder, was Pfingstler, noch, was Charismatiker waren.

Unsere Naivität stimmte sie versöhnlicher, und sie wurden wieder ein bißchen netter. Doch die nächste Kältewelle ließ nicht lange auf sich warten. Als wir die Leute nach der nächsten Gemeinschaft fragten, die wir ebenfalls besuchen wollten, erstarrte die Atmosphäre vollkommen. Das Thermometer fiel weit unter Null.

Es stellte sich heraus, daß sie nur einige Meter entfernt, sozusagen »um die Ecke«, beheimatet war. Mit den skeptischen Worten: »Ja, was wollt ihr denn da? Bei uns bekommt ihr doch, was ihr braucht« versuchten sie, uns abzuhalten, dort hinzugehen. Uns wurde klar, daß diese beiden Gemeinden sich nicht besonders liebten. Das befremdete uns gewaltig.

Am Sonntag darauf gingen wir nachmittags in die nächste Gemeinschaft. Auch hier hörte sich alles überaus theoretisch, theologisch, verkopft an. Unser Äußeres entsprach nicht ihren Vorstellungen. In den Gesprächen begegnete man uns noch kritischer.

Auf unseren Vorschlag hin, daß sie sich doch mit der anderen Freikirche, die um die Ecke lag, zusammentun könnten, schlugen sie entsetzt die Hände über dem Kopf zusammen. Doch wir unterbreiteten ihnen unsere logische Rechnung: Sie mit ihren fünfundzwanzig und die anderen mit ihren fünfunddreißig Leuten würden bestimmt einen Saal finden, in dem sie gemeinsam Gottesdienst feiern könnten ... wir würden dann auch noch dazukommen. Danach war es ganz aus.

Quer durch die Stadt besuchten wir die Gemeinden und gerieten dabei in eine ganz besondere Versammlung. Als der Leiter aufforderte: »Wir wollen jetzt beten«, fielen alle ganz plötzlich auf die Knie. Ehe wir uns versahen, saßen wir als einzige auf den Stühlen.

Ein anderes Mal ging unsere Gruppe in eine Gemeinschaft, wo die Frauen rechts und die Männer links saßen. Glücklicherweise registrierten wir das schnell und kriegten die ganze Sache geregelt. Nur Nesh, der ein bißchen später kam, setzte sich zielstrebig neben Sylvia mitten in den Frauenblock. Von da an fiel es uns schwer, der Liturgie mit der richtigen Ernsthaftigkeit zu folgen. Der Arme sah recht beklommen aus, nachdem er als letzter bemerkte, wo er gelandet war.

Eigentlich gefiel uns diese Kirche fast am besten. Es war irgendwie gut dort. Die Brüder sprachen mächtige Gebete, und bei ihrer Lehre kam echt was rüber. Alles hätte gut werden können zwischen uns und der Gemeinde, wäre uns nicht ein kleiner Schnitzer passiert. Von ihrer Ernsthaftigkeit beeindruckt und »eins« mit ihren gewaltigen, gottesfürchtigen Gebeten, entschlüpfte einem unserer Leute ein ganz leises, zaghaftes »Halleluja«. Daraufhin nahm die Versammlung eine unerwartete Wende. Die Brüder banden mit Inbrunst die Schwarmgeister und Dämonen.

Am Ende der Versammlung wurden wir nach vorne zitiert. Sehr hart teilte man uns mit, daß wir sowas künftig unterlassen sollten, falls wir weiterhin kommen wollten. Das saß.

Letztendlich war unser Weg durch die fromme Landschaft eine einzige Frustration und Ablehnungserfahrung gewesen. Aber überall gab es einzelne Christen, von denen wir uns angenommen fühlten. Ihre Liebe war unser Maßstab, nicht ihre Theologie. Zu diesen einzelnen Gläubigen behielten wir engeren Kontakt. Interessanterweise sehnten sich diese Christen meistens auch nach Erfüllung mit dem Heiligen Geist.

Wir ließen sie gerne teilhaben an unserem Gemeinschaftsleben. Auch sie luden uns regelmäßig zum Mittagessen oder zum Kaffeetrinken ein und waren offen, ihr Leben mit uns zu teilen. Ein Ehepaar befand sich darunter, das sich bereits nach der Plakataktion auf die Suche nach uns begeben hatte. Verwundert hatten sie sich gefragt, ob sie eine Unternehmung der Evangelischen Allianz verpaßt hatten. Doch als sie herausfanden, daß dem nicht so war, vermuteten sie, daß es wohl noch andere Christen gab. Sie fanden uns und besuchten uns von da an des öfteren.

Aber insgesamt erschütterte uns das Verhalten der Gemeinden, vor allem, weil sie gar nicht glaubten, was in der

Bibel stand. Es entsetzte uns, als sie behaupteten, daß es heute keine Zeichen und Wunder mehr gäbe, daß das mit der Apostelgeschichte aufgehört habe.

An was für einen Jesus glaubten sie? Es stand doch ganz deutlich geschrieben, daß Jesus gestern, heute und in alle Ewigkeit derselbe sein würde. Was hatten wir denn dann erlebt? Wir waren verwirrt.

Ein verheißungsvoller Lichtblick fiel in unsere Ratlosigkeit, als uns Leute aus Düsseldorf von einer kleinen Gemeinde berichteten. Die sei absolut »toll« und charismatisch. Das machte uns neugierig, und wir fuhren hin. Auch sie befand sich in einem Hinterhof. Zweihundert Leute kamen dort zusammen, um Gottesdienst zu feiern.

Man empfing uns überaus warmherzig. Die alten Leute verhielten sich rührend und nahmen uns gleich in den Arm. Der Lobpreis riß mich mit. Ich hörte die Engel in höchsten Tönen singen. Später stellte sich jedoch heraus, daß nicht die Engel sangen, sondern ein Zigeuner auf einer Säge fiedelte. Als die Anwesenden Gott in neuen Sprachen anbeteten, fühlte ich mich, als wäre ich nach einer langen Irrfahrt endlich zu Hause angekommen. Es folgte eine Botschaft über die Liebe Gottes, die meinen Geist und meine Seele aufatmen ließ. Das nannte man also »charismatisch»! Die Heiligkeit Gottes war so gegenwärtig, daß der Heilige Geist mich sofort von vielen Sünden überführte, die ich bisher nicht bekannt hatte. »Oh Herr, ich werde sie bekennen«, versprach ich, »laß mich hier nur nicht zusammenbrechen.« Ich brach nicht zusammen.

Nach dem Gottesdienst konnte ich es kaum abwarten, in die Wohnung unserer Freunde zu kommen. Sofort schloß ich mich auf der Toilette ein. Ich weinte, denn Gott berührte mich zutiefst. Dankbar für seine Liebe tat ich Buße für viele Dinge, die in meinem Leben noch im argen lagen.

Als in Iserlohn den Christen bekannt wurde, daß wir in Düsseldorf bei Charismatikern gewesen waren, gab es reichlich Zoff. Nun galt endgültig alles, was wir hatten und taten, als von »unten«. Unsere Gemeinschaft schlidderte in eine Glaubenskrise, und viele von uns überlebten diesen Punkt nicht, sondern fielen vom Glauben ab. Sie fühlten sich so tief verunsichert, daß sie sich von diesem Hick-Hack, das unter den Christen herrschte, abgestoßen abwandten. Aber der Rest hielt fest an dem, was Gott gesagt hatte. Wir sollten Beziehungen zu den anderen Schafen bauen, egal wie seltsam und eng sie sich auch gaben.

Je besser ich das Volk Gottes kennenlernte, um so tiefer bekümmerte mich seine Zerrissenheit und Zerstrittenheit. Von dem Gebot Jesu: »Daran soll die Welt erkennen, daß ihr meine Jünger seid, daß ihr Liebe habt untereinander« war nicht viel zu sehen. Daß Paulus diese Probleme mit der Einheit des Leibes Christi ebenso hinreichend gekannt hatte, beruhigte mich etwas. Im Korintherbrief ging er vehement gegen das dortige Spaltungsdenken an. Die Gläubigen sollten nicht apollisch oder paulinisch sein, sondern eins in Christus. Was mich etwas befremdete, war die Tatsache, daß die Christen seit Paulus fast zweitausend Jahre Zeit gehabt hätten, das Problem zu regeln, und es offensichtlich nicht geschafft hatten. Als ich zusätzlich im Psalm 133 las, was für ein Segen auf der Einheit der Christen lag, stand für mich fest, daß wir dafür beten mußten, daß das Volk Gottes in Iserlohn eins werden möge.

Wir lasen von der alljährlichen Allianz-Gebetswoche. Alle christlichen Gruppierungen wurden aufgerufen zusammenzukommen, um zu beten. Ich sah darin eine Chance, die neue Erkenntnis in die Tat umzusetzen. Aber welch eine Enttäuschung erwartete mich! Es trafen sich bis auf wenige Ausnahmen nur die Gläubigen der jeweiligen Gruppierung, die für den betreffenden Abend verantwortlich war.

Mit der Amtskirche hatte unsere Gruppe so gut wie nichts am Hut. Einer der sporadischen Berührungspunkte war, daß ein katholischer Priester in der Tagespresse einen herben Brief gegen die »Jesus-Sektierer aus der Drogenszene« losließ, in dem er uns offen angriff. Unseren Versuch, mit ihm ins Gespräch zu kommen, blockte er ab. Er öffnete erst gar nicht seine Wohnungstür. »Das ist typisch Großkirche, da werden wir wohl die wenigsten echten Christen finden«, war die einhellige Meinung in unserer WG.

Mittlerweile waren wir ein paar Mal in Düsseldorf gewesen, wo wir Lehre bekamen und regelrecht geistlich gefüttert wurden. In die Gemeinden in Iserlohn gingen wir weiterhin. Wir bereiteten uns immer ernsthaft im Gebet auf die Gottesdienste vor. Einige von uns besuchten inzwischen regelmäßig bestimmte Freikirchen. Auch Irene und ich hatten uns eine auserkoren. Aber jedesmal endete es gleich. Trotz intensiver Vorbereitung und totaler Hingabe fühlten wir uns am Schluß wie erschlagen. Wir waren nicht ermutigt, sondern entmutigt worden.

Die unübersehbare Diskrepanz der Theologie zwischen Düsseldorf und Iserlohn brachte uns in schwierige Konflikte. Die bohrenden Fragen blieben unverändert: Wie verhielt es sich mit der Taufe im Heiligen Geist und dem Reden in neuen Zungen? Was war mit den anderen Gaben? Die Aussagen der Bibel sprachen an diesem Punkt für unsere Erfahrungen und gegen den massiven zermürbenden Druck, den wir von seiten der nichtcharismatischen Christen spürten.

Die Auseinandersetzungen, in die wir unfreiwillig hineingezogen wurden, blieben nicht ohne Wirkung. Ratlosigkeit breitete sich unter uns aus. Einer unserer Leute war so verwirrt, daß er sogar Buße tat für die Taufe im Heiligen Geist. Wir versuchten, ihn davon abzuhalten, aber er entgegnete, daß er keinesfalls erneut dem Teufel auf den Leim gehen wollte. Unser Schrei wurde lauter: »Herr, wo geht's denn lang?»

Um diesen Punkt endgültig zu klären, wurden Nesh und ich delegiert, nach Düsseldorf zu fahren und dort mit den Pastoren zu sprechen. Wenn jemand unsere Fragen beantworten konnte, dann sie. Dort angekommen, stellten wir frustriert fest, daß sie verreist waren. Hatten wir auf einen falschen

Impuls gehört? Wir konnten uns bildlich die enttäuschten Gesichter zu Hause vorstellen, wenn wir die ersehnte Antwort nicht mitbrachten.

Völlig ratlos fuhren wir in die WG in Düsseldorf. Eine Bekannte lud uns zum Kaffee ein und meinte: »Heute beim Einkaufen traf ich wie zufällig eine achtzig Jahre alte Frau. Über vierzig Jahre lebte sie mit ihrem Mann auf dem Missionsfeld. Sie kommt mich gleich besuchen. Wollt ihr sie nicht kennenlernen?« »Au weia«, dachte ich, »eine achtzig Jahre alte Missionarin, da hab' ich kein' Bock drauf.« Mission – damit verband ich Urwald, Suppentopf, Kannibalen und das kleine Negerlein für den Kollektengroschen. Bei uns ging es um ganz andere Fragen.

Da uns nichts Besseres einfiel, was wir hätten tun können, nahmen wir die Einladung an und blieben. Zusammen mit der achtzigjährigen Missionarin tranken wir Kaffee und redeten so dies und das. Ich hörte zu, aber nur mit halbem Ohr, denn innerlich kreiste ich um das Problem, weswegen wir eigentlich hier saßen. Doch davon ahnte die alte Dame nichts. Sie erzählte aus dem Missionsleben mit ihrem Mann. Ungefähr zehn Jahre hatten sie dort hart gearbeitet, und kein Mensch hatte sich bekehrt. »Wir waren kurz davor aufzugeben,« seufzte sie, während sie in ihrer Erinnerung in die Vergangenheit zurückging, »und fühlten uns vollkommen am Ende. Doch dann erlebten wir eine einschneidende Wende. Wir wurden mit dem Heiligen Geist getauft, und damit begann eine Erweckung.«

Mit ungeheurer Vehemenz belehrte uns die Oma: »Ihr jungen Leute, was ihr braucht, ist die Taufe im Heiligen Geist. Ihr braucht das Reden in neuen Sprachen, und ihr braucht die Geistesgaben.« Sie wetterte los, was das Zeug hielt. Augenblicklich standen wir innerlich »stramm« vor ihr, wie Soldaten vor ihrem Feldwebel. Wir wußten genau, hier ist unsere Lektion von Gott. Hier redete der Heilige Geist selbst zu uns. Förmlich an ihren Lippen hängend, sogen wir jedes Wort auf und fühlten uns auf unserem Weg bestätigt.

Wir bedankten uns herzlich bei der Oma. Vor Freude konnten wir uns kaum halten und flogen fast nach Hause, nicht ohne auf der Heimfahrt Gott überschwenglich zu loben.

Die anderen warteten mit Spannung. Wir riefen nur: »Leute, es ist echt!«, und schon brachen alle in Jubel aus. Danach schilderten wir ihnen unser Abenteuer. Es war mucksmäuschenstill im Raum. Man hätte eine Stecknadel fallen hören können.

In der darauffolgenden Lobpreiszeit tat der Typ, der Buße getan hatte für seine Taufe im Heiligen Geist, wiederum Buße dafür, daß er Buße getan hatte. Nun stand unumstößlich fest: Was wir erlebt hatten, war der Geist Gottes! Wie hatte uns das Reden anderer Christen nur so verunsichern können?

Mittlerweile lösten sich unsere beiden großen Wohngemeinschaften auf. Es entstanden über die Stadt verteilt kleinere Zellen. Allgemein machte sich unter uns der Trend breit, sich im sogenannten bürgerlichen Leben zu integrieren. Einige gingen wieder arbeiten, andere heirateten. Wir wollten nicht Subkultur bleiben. Gleichzeitig taten wir diesen Schritt dem Volk Gottes zuliebe, dem unser Äußeres und unser Lebensstil immer noch Probleme bereiteten. Bewußt teilten wir uns auf verschiedene Kirchen auf, um so ein Beziehungsnetz zu spannen. Wir wollten beweisen, daß Jesus im normalen Leben mit uns war und wir mit ihm.

Meine Frau und ich hatten nun nicht mehr permanent so eine volle Bude. An Samstagen fuhren wir nach Düsseldorf und gingen mit der Gemeinde in die Altstadt, um dort zu evangelisieren. Viele Male gab ich dort auf der Straße mein Zeugnis und erlebte sogar, daß sich einige dadurch bekehrten.

Bei einer Trauung in Düsseldorf durfte ich zum ersten Mal ausführlich mein Zeugnis geben. Vor Aufregung rasselte ich alles runter, was mir gerade einfiel. Aber zum Schluß klatschten alle spontan Beifall. Überglücklich konnte ich mir danach vorstellen, daß ich zum Predigen berufen war.

Halleluja, lobet Gott in seinem Heiligtum . . .

Obwohl unsere Gruppe ihr Bestes gab, blieb unser Verhältnis zu den Kirchen am Ort schwierig. Zwei Jahre voller intensiver geistlicher Prozesse lagen hinter uns. Es genügte uns nicht, zweimal in der Woche für jeweils eine Stunde den Hinterkopf unseres Vordermanns zu betrachten und dabei eine stinklangweilige Botschaft zu hören. Das verstanden wir nicht unter einem entschiedenen Christenleben. Wir hatten das Gefühl zu verhungern. Hätten wir nicht unsere gemeinsamen Andachten und die evangelistischen Einsätze gehabt, wären bestimmt noch weitere von uns auf der Strecke geblieben.

Von dieser Unzufriedenheit getrieben, kamen wir eines Tages zusammen und überlegten, wie es weitergehen konnte. Wir wußten: Es gab nur einen Weg, die verfahrene Situation zu knacken: Wir mußten inbrünstiger und öfter für die Einheit der Christen und für geistliche Erweckung, die wir allesamt dringend benötigten, beten. Der Gedanke an ein Gebetstreffen wurde geboren.

Um das Ganze nicht im Verborgenen eines Wohnzimmers stattfinden zu lassen – inzwischen paßten wir sowieso kaum noch hinein –, suchten wir nach separaten Räumen. So mieteten wir in dem Haus meiner Schwiegermutter, die sich samt meiner Schwägerin inzwischen bekehrt hatte, zwei kleine Räume an, renovierten sie und nannten es »Jesus-Treff«.

Gleich das erste Treffen verlief überaus chaotisch. Wir kamen zusammen und fragten uns, wie wir denn nun beten sollten. Ein wildes Durcheinander unterschiedlichster Meinungen entbrannte. Ehe wir uns versahen, steckten wir mitten in der dicksten Diskussion, und der Ton war nicht der freundlichste. Nach einstündigem Wortgerangel mußten wir Buße tun. Für unsere Stadt beteten wir an diesem Abend überhaupt nicht. Wir kamen nicht dazu.

Durch diesen Flop lernten wir, daß wir einen Leiter brauchten. Es herrschte Einigkeit, daß ich das sein sollte. Nach ellenlangen Debatten lichtete sich das Chaos, und wir fanden Strukturen, in denen wir mit unseren höchst unterschiedlichen Vorstellungen über unsere Meetings einigermaßen auf einen Nenner kamen. Wir machten uns wieder mal auf die Suche nach unserem eigenen Stil.

Da wir keine Konkurrenz zu den bestehenden Kirchen sein wollten, trafen wir uns montagabends. An diesem Abend hatte keine andere christliche Gruppe eine Veranstaltung.

Wir verfaßten einen Brief und stellten allen katholischen Priestern, evangelischen Pastoren und Leitern von Freikirchen in Iserlohn unser Treffen vor und luden sie ein.

Total naiv glaubten wir allen Ernstes, alle hätten nur darauf gewartet, daß endlich einer in die Posaune stieß und das Volk Gottes in unserer Stadt sammelte.

Aber weit gefehlt! Es kam nicht eine einzige Reaktion auf unsere vielen Briefe, geschweige denn, daß einer der Leiter bei uns aufgetaucht wäre, wenn auch nur, um uns kritisch zu hinterfragen. Zusätzlich zu dieser Gleichgültigkeit verschärften sich die Auseinandersetzungen in den Gemeinden. Eine alte Frau fragte mich einmal: »Wie lange bist du Christ?« Auf meine Antwort »Ungefähr zwei Jahre« schaute sie mich mitleidvoll an und meinte: »Sei erstmal so lange gläubig wie ich, dreißig Jahre, bis dahin wird dein Feuer auch ausgebrannt sein. Dir werden die Flausen von der Einheit der Christen noch vergehen. Du wirst einsehen, daß das unmöglich ist.« Da ertönte sie wieder, die geistliche Feuerwehr. »Hoffentlich liege ich nach dreißig Jahren mit dir nicht auch so daneben, Herr«, war mein aufrichtiges Flehen.

Alleine unser Wunsch, gemeinsam zu beten, und unser gleichzeitiges Engagement auf der Straße reichten aus, um die Bombe zum Platzen zu bringen. Den Gemeinden in Iserlohn saßen wir wie ein Stachel im Fleisch, der die traditionellen Strukturen empfindlich bedrohte. Seltsamerweise waren sie an diesem Punkt eins: Sie wollten uns nicht. Unabhängig voneinander stellten sie uns vor die Wahl: »Entweder ihr gebt den Jesus-Treff auf und kommt zu uns, oder unsere Wege trennen sich.« Eine gewaltige Entscheidung, die wir keinesfalls leichtnahmen, stand uns bevor.

Einerseits sahen wir, daß der Geist Gottes mit uns war und daß unser Leben enorme Auswirkungen hatte. Viele kamen in dieser Zeit durch unsere evangelistischen Aktionen zum Glauben und schlossen sich uns an. Andererseits wollten wir die Beziehung zu den anderen Christen nicht gefährden. Was sollten wir tun? Wir wägten die verschiedenen Aspekte gründlich ab und kamen zu dem Ergebnis, daß wir uns völlig dem Jesus-Treff widmen sollten. Unser Leben hatte hier größere Möglichkeiten, Frucht zu bringen, und dazu waren wir schließlich berufen.

Der stärkste Kampf war für mich jedoch nicht die Auseinandersetzung mit irgendwelchen theologischen Ansichten, sondern der Kampf mit mir selbst. Meine Haltung gegenüber den anderen Christen war oft hart, wenn sie mit geistlichem Unverständnis auf uns reagierten. Es war kein leichter Kampf, aber ich stellte mich ihm.

Es wurde für uns selbstverständlich, den Samstagmorgen in der Fußgängerzone zu verbringen. Vom Frühjahr bis in den Herbst, wenn man vor Kälte die Akkorde auf der Gitarre nicht mehr greifen konnte, waren wir ein fester Bestandteil des Straßenbildes und daraus nicht wegzudenken.

Um uns herum versammelte sich eine regelrechte Straßengemeinde. Wir predigten nicht nur, sondern auch der Lobpreis nahm einen großen Raum ein. Es gab Leute, mit denen wir zwar nie ins Gespräch kamen, aber die regelmäßig Samstag für Samstag auftauchten, um von einem Pfeiler oder Zaun aus an dem teilzunehmen, was wir taten. Inzwischen waren wir bekannt wie die bunten Hunde und wurden des öfteren in den verschiedensten Situationen von wildfremden Menschen auf unsere Aktivitäten angesprochen.

So saßen Irene und ich im Auto vor einer Ampel. Neben uns hielt ein dicker Citroen. Der Fahrer hupte und machte eindeutige Zeichen in unsere Richtung. Ich kurbelte mein Fenster runter, und ein mir unbekannter Mann, der aussah wie ein Geschäftsmann, lehnte sich zu uns herüber: »Ich möchte mich herzlich bei Ihnen für die wunderbaren Gottesdienste bedanken, die ich da jeden Samstag in der Fußgängerzone erlebe.« Die Ampel ging auf Gelb, er gab Gas, die Ampel ging auf Grün, der Citroen schoß davon. Ich sah diesen Mann nie wieder.

Auch unsere kommunistischen Spezies mußten jeden Samstag unfreiwillig Gottesdienst feiern. Sie hätten dem nur entgehen können, indem sie ihre Sachen zusammengepackt und das Feld geräumt hätten. Aber da sie, genauso wie wir, davon überzeugt waren, eine wichtige Botschaft für die Menschheit zu haben, ertrugen sie uns lieber.

Mit Sarkasmus und Ironie versuchten die Kommunisten, uns eins überzubraten und die Passanten für sich zu gewinnen. Dabei verkehrten sich ihre Angriffe laufend in Eigentore. Aber mit diesem Problem lebten sie ja schon seit einigen Jahren.

Ein Volltreffer dieser Art bahnte sich an, als sich einer ihrer Anhänger in unsere Nähe vordrängelte und lauthals eine chinesische Zeitung anpries. Es handelte sich um ein maoistisches Blättchen, das er versuchte, wie ein Marktschreier unters Volk zu bringen. Aber eigentlich war ihm daran gelegen, durch seine Lautstärke unseren Mann, der auf dem abgesägten Tisch stand, zu übertönen. Der ließ ihn geduldig eine Zeit gewähren, um ihn dann zu sich zu winken. Er kaufte ihm ein Heftchen ab, und der Kommunist, nicht ganz auf Draht, durchschaute diese Hinterlist nicht. Unser verstummter Kontrahent beobachtete mit ungläubiger Verwunderung, wie unser Redner ansetzte, in dem Schriftchen zu lesen. Mittlerweile bildete sich eine riesige Menschentraube, die das Schauspiel mit Interesse verfolgte. Man konnte förmlich sehen, daß unser Mann die Szenerie bis aufs äußerste genoß. Mit theatralischer Geste fing er an, laut aus der Zeitung zu zitieren, um die dort aufgestellten Thesen mit dem Wort Gottes zu widerlegen. Er erreichte sein Ziel. Viele hörten das Evangelium, und der Kommunist trabte entnervt hinter seinen Tisch.

Das nächste Eigentor ließ nicht lange auf sich warten. Wiederum versuchte ein Kommunist, durch lautes Rumschreien von dummen Parolen uns vom Predigen abzuhalten. Diesmal geriet er an mich. Schweigend ließ ich ihn gewähren und war ganz dankbar für sein Theater, denn ich wußte, daß das Leute anzog. Auf dem Höhepunkt der Komödie fing er plötzlich an zu krächzen. Als seine Stimme vollends versagte, konnte ich endlich ungehindert reden: »Leute, hier seht ihr einen unzufriedenen Menschen ...«, wandte ich mich an die Schaulustigen und wies auf unseren Störenfried hin. »Warum gibt es diese Unzufriedenheit und Agression in den Menschen?« Das bildete einen wunderbaren Anknüpfungspunkt. Im Laufe der Zeit entwickelte ich Routine. So ein halbgebackener Kommunist konnte mich doch nicht meinen.

An einem Samstag ging ich herausfordernd auf einen ihrer Rädelsführer zu und provozierte ihn: »Paß gut auf, mein Freund, dieses Jahr werden wir hier jeden Samstag auf der Straße stehen, und während unserer Einsätze wird kein Tropfen Regen fallen. Das wird Gott tun als Zeichen für euch, daß er real und lebendig ist!« Der Kommunist lachte sich über meine dreiste Herausforderung fast kaputt. Aber wir waren diejenigen, die zuletzt lachten. In der ganzen Zeit, in der wir auf der Straße standen, regnete es nicht, wo wir waren. Manchmal war über uns ein großes blaues Loch am Himmel. Während es um uns herum in Strömen goß, beteten wir Gott im Trockenen an. Grinsend warnte ich zu Beginn der kalten Jahreszeit die Kommunisten: »Sucht euch ein trokkenes Plätzchen, ab jetzt wird es wieder regnen.« Es war ihre Sache, was sie damit machten ...

Aufruhr in der Stadt. Unsere Gebete und Einsätze brachten unsere zwei kleinen Räume zum Bersten. Wir bekamen alle Hände voll zu tun mit den Leuten, die sich auf der Straße bekehrten. Schon früh strömten montagabends die Leute zusammen, um einen einigermaßen guten Platz im Jesus-Treff zu ergattern. Es ergab ein buntes Bild aus Menschen der verschiedensten Hintergründe und Altersgruppen. Inzwischen waren bei uns Kinder und Teenager, Omas und Opas, Neubekehrte und alte Glaubenshasen, Bürger und Aussteiger, Arme und Reiche und logischerweise Freaks und Drogenabhängige zu finden. Die einen wollten Jesus kennenlernen. Die anderen wollten geistliche Erweckung erleben. Die nächsten wollten einfach nur freundschaftliche Beziehungen, und die übernächsten wollten ihre Kinder aus einer Sekte retten.

Zu der letzten Gruppe gehörte eine Frau, die am Ende eines Abends zu mir kam. Sie war die Mutter eines Mädchens, das sich bei uns vor einigen Wochen bekehrt hatte. Die Frau stand vor mir und bekannte mit bewegter Stimme: »Eigentlich bin ich eine Zeugin Jehovas und wollte euch mal gehörig wegen eurer falschen Lehre und dem, was ihr mit meiner Tochter angestellt habt, die Leviten lesen. Aber heute abend hat hier einer was gesagt, was mich tief getroffen hat. Jetzt glaube ich, daß ihr recht habt. Ich will mich auch zu Jesus bekehren.« Das war also die »Lösung« für die eigenartige Prophetie am Anfang unseres Treffens.

Eines Tages stieß der Typ wieder zu uns, den wir damals bei der Abendmahlsfeier so hartherzig ausgeschlossen hatten. Zwar war er durch unsere Lieblosigkeit tief verletzt, doch die Entscheidung, die er für Jesus getroffen hatte, war ihm sehr ernst. Die kommenden Monate lebte er alleine mit Gott, kaufte sich eine Bibel und begann, darin zu lesen. In seiner Kommune war er von da an dem Spott der Mitbewohner ausgesetzt. Sie zerrissen oder versteckten seine Bibel, nahmen sein Fahrrad auseinander, und wo es nur ging, machten sie ihm das Leben schwer. Als er nun vor mir stand, tat mir unsere Engstirnigkeit an jenem Abend wahnsinnig leid. Ich bat ihn um Vergebung und dankte Gott, daß er barmherziger war als ich.

In der Ausrichtung unserer Gottesdienste stießen wir an unsere Grenzen. Wir hatten keine Ahnung, wie man diese unterschiedlichen Leute leitete, ihren Nöten begegnete. Geschweige denn, daß wir wußten, was sie an Lehre brauchten und wie man sie ihnen vermittelte. Wir emfanden, daß wir dringend Hilfe von erfahrenen Leitern benötigten. So baten wir einen Pastor aus Düsseldorf, uns zu unterstützen. Wir wußten, daß er sich mit uns auf einer geistlichen Wellenlänge befand. Ich lernte viel von diesem Mann. Er führte mich tiefer in den Bereich von Geistesgaben hinein. Er wurde mir in dieser Zeit ein wertvoller Berater und kam nahezu jeden Montag zu uns, um uns zu lehren. Wir entdeckten, wie wichtig es war, Gott Lobpreis und Anbetung zu bringen. In dem Maße, wie wir es taten, wurden wir von ihm wieder gesegnet, in Form von Wundern, Heilungen, Ausgießung des Heiligen Geistes, Bekehrungen und natürlich Buße.

Die Gemeinden in der Stadt bekamen das selbstverständlich mit und zeigten sich wenig erfreut, daß ein charismatischer Gottesdienst in ihrer Stadt seine Spuren hinterließ.

Zunehmend wurde der Jesus-Treff den Nachbarn ein Dorn im Auge, und sie beklagten sich, daß einige Leute nach Schluß der Versammlung regelmäßig aus den Fenstern ausstiegen. Das ließ sich schwer vermeiden, weil es oft so voll war, daß es kein Durchkommen zur Tür gab.

Mehr und mehr wurde die Frage unter uns diskutiert, ob

wir eine neue Gemeinde gründen sollten. Vieles sprach dafür, denn die Leute, die sich bei uns bekehrten, brauchten ein geistliches Zuhause. Inzwischen wurden wir zum Sammelbecken für diejenigen, die in ihren Kirchen unzufrieden waren oder denen man dort wegen der charismatischen Glaubenselemente Schwierigkeiten machte.

In einem Gespräch mit dem Pastor aus Düsseldorf warnte er mich regelrecht davor, in Iserlohn eine neue Freikirche zu gründen. Er wies mich darauf hin, daß wir von Gott bisher einen ganz eigenen Weg geführt worden waren, der uns unbelastet von aller christlichen Tradition gelassen hatte. In dem Augenblick, in dem wir uns in die Grenzen einer eigenen Gemeinde begäben, würden wir unweigerlich von den anderen als Konkurrenz angesehen und vielleicht sogar angefeindet. Wir ständen dann in der Gefahr, ins Abseits gedrängt zu werden. Er riet uns, überkonfessionell zu bleiben.

Das verstand ich überhaupt nicht. Was wollte der eigentlich? Er leitete doch selbst eine Gemeinde, und ausgerechnet er mußte uns davor warnen. Was sollten wir denn bitteschön mit denen machen, die sich bekehrten und eine geistliche Heimat suchten? Darauf wußte er auch keine Antwort.

Die Verantwortlichen des Jesus-Treffs beteten, und nach vielen Überlegungen entschlossen wir uns schließlich dazu, eine Gemeinde zu gründen.

Ein Problem folgte dem anderen: Wie sollten wir uns nennen? Die verschiedensten Vorschläge kamen auf den Tisch. Das Lustigste, was zur Debatte stand, war wohl der Name »Missionswerk: Alles klar«. Dem folgten: »Gemeinde unter dem Kreuz«, »Christengemeinde des vollen Evangeliums«, »Freie christliche Gemeinde«, »Freie charismatische Gemeinde«.

Da wir uns mal wieder nicht einigen konnten, schrieben wir die Namen auf kleine Zettel und taten sie in einen Korb. Wir beteten für den Losentscheid und zogen das Los: »Christengemeinde des vollen Evangeliums«. Es hätte schlimmer kommen können.

Ein weiteres Problem bestand darin, daß zu einer anständigen Gemeinde auch ein anständiger Pastor gehörte. Wer sollte das sein?

In der Düsseldorfer Pfingstgemeinde lernten wir einen Praktikanten kennen. Endlich waren wir mal einer Meinung: »Der könnte unser Pastor werden.« Wir beteten, er betete, und dann kam er.

Dieser Pastor mit seinem klassischen, traditionell pfingstlichen Hintergrund hatte keine Ahnung, worauf er sich da eingelassen hatte. Wir waren alles andere als traditionell, geschweige denn klassisch. Von der Szene, aus der wir kamen, hatte er keinen blassen Schimmer, aber er spürte bei uns das erweckliche Leben, und das zog ihn an.

So nach und nach lösten sich die Probleme, und wir fanden auch Räumlichkeiten. Obwohl wir kein Geld besaßen, schlossen wir im Glauben den Mietvertrag ab. In dem Gebäude hatten bisher islamische Gastarbeiter gelebt, und so sah es auch aus. Nach einigen Wochen schwerster Renovierungsarbeit waren wir eine richtige Gemeinde, mit Eintrag im Vereinsregister, Versammlungsräumen im Hinterhof und der dazugehörenden -treppe.

Bei der Eröffnungsfeier war es rappelvoll, und viele Augen in Iserlohn waren auf uns gerichtet. Viele kritisch, wenige wohlwollend. Was sollte das nur werden?

Einige Älteste, ein Pastor und ich als Gemeindeleiter bildeten das Leitungsteam. Ich tat jetzt vieles, was ich bis vor kurzem absolut abgelehnt hätte, und manchesmal bekam ich dabei regelrechte Bauchschmerzen.

Die Mitgliederzahl wuchs. Wir starteten eine Teestube, Jugendstunde, Chorstunde und Hauskreise. Zunächst feierten wir unsere Gottesdienste sonntagnachmittags, damit wir möglichst lange Lobpreis- und Anbetungszeiten haben konnten. Zudem benötigten wir viel Zeit für die Predigt, Fürbitte und Gemeinschaft. Außerdem saß uns am Nachmittag das Mittagessen nicht im Nacken.

Aber auch in unser Gemeindeleben hielt eine gewisse Monotonie Einzug. Wir legten unsere Gottesdienste auf Sonntagvormittag, und sofort sorgte sich jeder darum, daß sie früh genug zu Ende waren, damit der Braten nicht kalt wurde. Sehr schnell kam in mir die Befürchtung auf, daß wir dabei waren, uns zu einer weiteren, typischen Hinterhofgemeinde zu entwickeln. Ich versuchte, gegen diese Routine und den frommen Trott anzukämpfen, wurde aber nicht verstanden. Ich wollte nicht Strukturen schaffen, sondern geistliches Leben erhalten. Dabei entwickelte ich eine sensible Antenne dafür, wann es bei uns geistlich zu stagnieren drohte.

Mitunter zogen wir die unmöglichsten Typen an. Einer lief im Sommer und Winter in Nyltesthemd und kurzer Hose dreißig Kilometer zu Fuß. Diese Strapaze brachte er jeden Mittwoch und Sonntag hinter sich. Er hatte lange nach einer charismatischen Gruppe gesucht und war froh, uns gefunden zu haben.

Weil er ein lieber Kerl war, nahmen wir ihn auf. Leider war er auf die Dauer ein bißchen zu lieb. Ständig trug er ein charismatisches Lächeln auf den Lippen und tat so sanft, daß es schon unerträglich wurde. Seine liebliche Art wurde uns bald verdächtig. Tatsächlich stellte sich heraus, daß er einige unserer Jugendlichen um sich scharte, sie negativ beeinflußte und sogar gegen die Leiterschaft aufhetzte. Nach einem Gespräch im Leitungskreis entschlossen wir uns, etwas gegen ihn zu unternehmen.

Als ich ihn zur Rede stellte, lächelte er mich wieder überaus sanftmütig an. Da hatte ich den Kohl auf: »Mein lieber Freund, wenn du nicht aufhörst, hier Stunk zu machen und die Jugendlichen gegen die Leiterschaft aufzuwiegeln, wird das bald Konsequenzen für dich haben.« Daraufhin strahlte er mich mit seinem seligen Lächeln an: »Walter, jetzt bist du aber nicht in der Liebe.« »Das mag schon sein«, antwortete ich, »aber dafür bin ich in der Wahrheit!« Mit diesen Worten ließ ich ihn stehen.

Am nächsten Sonntag in der Anbetung passierte etwas Unglaubliches. Die Stimme des Lieblichen ertönte: »So spricht der Herr ...« Und unser lieber Spezie brachte eine ellenlange, regelrechte Gerichtsprophetie, die geradewegs gegen mich gerichtet war. Ich blickte um mich. Offensichtlich merkte jeder, daß hier etwas nicht stimmte. Manche sahen nervös aus dem Fenster, um möglichst unbeteiligt zu scheinen. Andere traten von einem Fuß auf den anderen. Im Raum war eine allgemeine Verunsicherung zu spüren. Wie sollte man sich verhalten? Ich sah zu unserem Pastor, er blickte zu mir rüber, und wir waren uns einig: Hier war etwas oberfaul. »Herr«, dachte ich, »ich werde mich nicht für diesen Unsinn rechtfertigen.«

Unser Pastor nahm die Situation glücklicherweise in die Hand und korrigierte den gewaltigen Propheten, indem er ihm den Mund verbot. Er wies ihn darauf hin, daß man später darüber reden würde. Verzweifelt stimmte ich ein Lied an, in der Hoffnung, daß er nicht nochmal loslegen würde. Aber weit gefehlt. Er stand abermals auf und donnerte los: »So spricht der Herr, wenn ihr mich nicht hören wollt, gehe ich eben.« Daraufhin nahm er seine Aktentasche und verließ demonstrativ den Raum.

Er fiel an diesem Tag nicht das erstemal durch seine seltsamen Prophetien auf. Vorher war es nur weitaus lustiger. Damals lautete seine Botschaft: »So wie ich durch Elia das Volk Israel aus der ägyptischen Gefangenschaft befreit habe und es durch die Wüste geführt habe ...« und so weiter. Alle Anwesenden konnten sich fast nicht halten vor Lachen. Aus allen Ecken ertönte unterdrücktes Gekicher, verlegenes Räuspern und nervöses Scharren der Füße. Endlich merkte auch unser Spezie seinen Patzer. Er stand abermals auf und korrigierte: »So spricht der Herr: Entschuldigung, es war nicht Elia, es war Mose.« Das haute dem Faß den Boden aus. Alle prusteten los, und die andächtige Stille konnten wir für den Rest des Gottesdienstes vergessen.

Ehre sei dem Vater . . .

Im Zuge der Anpassung an das scheinbar normale Christenleben, zu dem auch das Geldverdienen gehörte, entschlossen wir uns, wieder arbeiten zu gehen. Irene fand bald eine Halbtagsstelle, bei mir dagegen klappte die Arbeitssuche scheinbar nicht. Ich jobbte hier und da. Es dauerte Monate, bis ich einen Job fand, der mir den Freiraum ließ, mich in der Gemeinde zu engagieren.

Drei Tage in der Woche chauffierte ich einen Vertreter durch die Gegend. Er war Christ, und wir hatten ein gutes Arbeitsverhältnis.

Oft verbrachte er Stunden in Firmen, und mir blieb Zeit, eine Unmenge von Predigtkassetten zu hören und ein Buch nach dem anderen zu verschlingen. Ich las die Bibel ganz durch und lernte etliche Stellen auswendig. Dadurch ließen sich die Konzentrationsstörungen, die Spätfolgen des Drogenkonsums waren, wirksam bekämpfen.

Eine besondere Vorliebe entwickelte ich für die Kassetten eines evangelistischen Pastors. Er stand an der Spitze eines gewaltigen Aufbruchs in Berlin, in dem sich viele Drogenabhängige und kaputte Leute bekehrten. Keinem war es bisher so gut gelungen, mir die Vaterschaft Gottes zu vermitteln, wie ihm. Wenn er lehrte, spürte man vom ersten bis zum letzten Wort die Liebe Gottes. Außerdem konnte man seine Lehren im Alltag umsetzen.

Seit 1968 hatte ich nur in Kommunen gelebt. Als uns die Chefin meiner Frau eine Wohnung anbot, nahmen wir sie im Zuge unseres »Normalwerdens« dankbar an. Bald wurde sie wieder ein Treffpunkt für viele neubekehrte junge Leute. Sie fühlten sich wohl bei uns, da sie neben Freundschaft auch geistliche Ausrichtung bekamen.

Fast parallel zu unserer Gemeindegründung zogen die Pfingstler in Düsseldorf in ein riesiges Kino um. Viele von uns fuhren hin, um bei der Renovierung zu helfen. Für uns gehörten geistliches Leben und praktisches Handeln untrennbar zusammen. Nach der Fertigstellung besuchte ich des öfteren ihre Samstagabendgottesdienste. Sie luden häufig gute Sprecher ein, einschließlich meines Favoriten aus Berlin.

Als ich dort saß und seine Ausführungen hörte, hing ich fasziniert an seinen Lippen. So müßte man predigen können! Ich vergaß alles um mich herum und lauschte jedem seiner Worte. Während er über die Liebe Jesu am Kreuz redete, stockte er plötzlich: »Der Heilige Geist zeigt mir in diesem Moment, daß hier ein junger Mann im Raum ist, auf dem in besonderem Maße die Hand Gottes liegt. Er will ihn berufen, den Verlorenen das Evangelium zu verkündigen und den Gebundenen die Freiheit. Er will ihm verstärkt eine Salbung zum Predigen geben. Bitte steh auf, damit ich mit dir beten kann.« Im gleichen Augenblick fing mein Herz so laut an zu schlagen, daß ich dachte, mein Nachbar müßte es hören. Der Schweiß rann mir in Strömen den Rücken runter. Ohne jeden Zweifel wußte ich: Ich war gemeint. Doch befanden sich ja noch ein paar hundert andere junge Männer im Raum. Wie konnte ich so anmaßend sein und glauben, daß Gott mich meinte. Ich verkrümelte mich in meinem Kinositz, so gut es ging.

Niemand stand auf. Der Redner gab nicht nach: »Ich weiß, daß der junge Mann hier ist, und ich darf nicht fortfahren, bis ich mit ihm gebetet habe.«

Ich gab mir einen Ruck. Selbst wenn es die größte Blamage meines Lebens würde, wußte ich doch, daß Gott mein Herz sah. Er kannte meinen allergrößten Wunsch, sein Wort zu verkündigen. So stand ich auf, und der Evangelist segnete mich. Happy und voller Glauben erwartete ich, was Gott von nun an in meinem Leben tun würde.

Hoffnung auf die Zukunft war das eine, und die Perspektivlosigkeit der Gegenwart war das andere. Unsere Gemeinde in Iserlohn wurde vom Volk Gottes ins Abseits gedrängt. Selbst wenn wir offen sein wollten für die anderen, so gelang es kaum, weil sie sich nicht für uns öffneten. Sicherlich machten wir in unserer Unreife so manchen Fehler, aber es kursierten auch die wildesten Gerüchte, die jeder Grundlage entbehrten.

Trotzdem blieben wir eine missionarische Gruppe. Man traf uns weiterhin jeden Samstag auf der Straße an. Wir beteten ernsthaft für Erweckung in unserer Stadt und für die Einheit des Leibes Christi, manchmal ganze Nächte lang. Gleichzeitig ließen wir uns schulen, indem wir Bibellehrer einluden, die fundierte Lehre brachten.

Einmal sprach ein Mann eine ganze Woche. Vom ersten bis zum letzten Abend sprach er über Gottes Heiligkeit und darüber, daß die Christen ein heiliges Leben führen sollten. Bereits am ersten Abend fielen mir alle meine Sünden ein. Um es genau zu sagen, »die« Sünde fiel mir ein, die ich bisher vor mir hergeschoben hatte und die wie ein Stein auf meinem Gewissen lastete.

Seit unserer Wiedergutmachung waren viele Monate vergangen, aber ich hatte mich der Sache mit unserem früheren Vermieter nie gestellt. Jedes geklaute Möbelstück stand wieder belastend vor meinen Augen. Es war nie wirklich weg gewesen. Besonders wenn ich predigte, fühlte ich mich durch diese Schuld blockiert. Am dritten Abend zerbrach mein Widerstand. Auf dem Heimweg gestand ich Irene: »Ich muß die Sache mit den Möbeln wiedergutmachen, auch wenn wir nicht wissen, wie wir es bezahlen sollen.«

Am nächsten Morgen beteten wir, und dann stieg ich ins Auto, um den schweren Weg hinter mich zu bringen. Während der Fahrt hielt mir der Teufel die häßlichsten Argumente vor, warum ich es nicht tun sollte: »Du als Verantwortlicher hast so einen Dreck am Stecken. Das Leitungsteam wird dich absetzen. Außerdem wirst du angezeigt. Es wird in der Öffentlichkeit breitgetreten. Die Ungläubigen werden mit dem Finger auf dich zeigen: Seht euch mal die Christen an, wie verlogen sie sind.«

Auf jedem Meter dieses Weges kämpfte ich gegen Verdammnis und Furcht, aber es gab kein Zurück.

Ich fuhr zur Tankstelle meines ehemaligen Vermieters, riß allen Mut zusammen und ging in seinen Kassenraum. »Hallo, kennen Sie mich noch?« Ich erwartete, daß er mich jetzt bestimmt auf der Stelle rausschmeißen würde, aber statt dessen erwiderte er freundlich: »Ja, natürlich, Herr Heidenreich, wie geht es Ihnen?« Ich suchte verlegen nach Worten: »Ja, ich bin gekommen, um nochmal mit Ihnen zu reden . . .« Es war mir klar, daß ich hier keine große evangelistische Botschaft zu bringen hatte. Ich wollte nur zu meiner Schuld stehen, ihn um Vergebung bitten und ihn fragen, wie ich das wiedergutmachen könnte.

»Wissen Sie noch«, fuhr ich fort, »Sie haben mich doch damals angezeigt, und daraufhin habe ich Ihnen mit einer Verleumdungsklage gedroht. Sie hatten damals recht. Ich habe Ihre Sachen gestohlen, und somit war Ihre Anzeige berechtigt. Mittlerweile bin ich Christ geworden, und ich will mein Leben in Ordnung zu bringen. Ich möchte Sie um Vergebung bitten und die Sachen bezahlen.« Während ich sprach, spürte ich, daß er zunehmend unruhiger wurde und offensichtlich um eine Antwort verlegen war: »Ja, aber das waren Sie doch nicht alleine?« »Das stimmt, aber ich möchte niemanden in die Pfanne hauen, sondern alles auf meine Kappe nehmen. Sagen Sie mir, was ich Ihnen schuldig bin.«

Interessiert fragte er mich nach meinem Gesinnungswandel, und ich konnte ihm mein Zeugnis erzählen. Aufmerksam hörte er mir zu. Schließlich meinte er, daß er nicht mehr wüßte, was gestohlen worden sei. Ich legte ihm eine Liste mit den gestohlenen Sachen auf den Tisch. Als er sie durchsah, wurde er noch nervöser und öffnete und schloß fortwährend seine Kasse. Dabei stellte er fest: »Soll ich Ihnen etwas sagen, so etwas ist mir in meinem ganzen Leben noch nicht passiert. Wenn das wahr ist, was Sie mir da erzählt haben, will ich Ihnen keinen Stein in Ihren neuen Weg legen. Ich bewundere Sie sogar dafür, daß Sie den Mut haben, hierherzukommen. Sie brauchen mir nichts zu bezahlen. Vergessen Sie die ganze Sache.« Dieser Mann war kein Christ, aber seine Haltung beeindruckte mich sehr. Selten war ich so schnell aus einer Tür raus. Gott war fantastisch!

Bevor an diesem Abend die Bibelstunde begann, berichtete ich von meinem Erlebnis und bat gleichzeitig um Vergebung. Anschließend gingen alle auf die Knie, und viele bekannten ihre Schuld.

Durch mein Bekenntnis ermutigt, gingen etliche los und brachten ihr Leben in Ordnung. Sie versöhnten sich mit ihren Eltern, bekannten geheime Sünden und brachten Gestohlenes zurück. Ein dreizehnjähriger Junge bekannte seinem Vater, daß er geklaut hatte, was das Zeug hielt. Daraufhin nahm der Vater seinen Jungen an die Hand und ging mit ihm von Spielzeuggeschäft zu Spielzeuggeschäft und half ihm, sein Leben in Ordnung zu bringen.

Ich erkannte, daß die Kraft eines reinen Gewissens ein grundlegendes Element dafür war, daß der Heilige Geist sich wohlfühlen und wirken konnte. Es gab Leute, die sich genau an diesem Punkt verstockten. Sie erstarrten meist sehr bald in ihrem Glauben und fielen ab. Es war genauso, wie es im 1. Tim. 1 stand.

In unserem Eifer, die Stadt für Jesus zu gewinnen, meinten wir eines Tages, in die vollen gehen zu müssen. Wir mieteten das größte Kino der Stadt an und gingen damit ein großes finanzielles Wagnis von mehreren tausend Mark ein. Unter dem Motto »Frohe Botschaft an alle Welt« luden wir zu einer Evangelisation mit einem amerikanischen Heilungsprediger ein. Damit es keinem Iserlohner entging, warben wir mit riesigen Plakaten, die wir überall in der Stadt aufhängten. In jeden Haushalt brachten wir einen Einladungszettel: »Jesus ist derselbe gestern, heute und in alle Ewigkeit – Kranke werden geheilt, Dämonen fahren aus, und das volle Evangelium wird verkündet.« Voller Spannung warteten wir auf die Reaktionen. Wir erhofften uns die Machterweisungen Gottes, die wir allen Unkenrufen zum Trotz so kühn propagiert hatten.

Gott bestätigte uns finanziell, und es war die größte Evangelisation, die unsere Stadt seit Jahren gesehen hatte. Die meisten der Besucher kamen von den Hecken und Zäunen. Die Verkündigung war machtvoll und eigentlich »verhältnismäßig« erfolgreich. Einige Leute gaben ihr Leben Jesus, und sogar eine Nonne wurde mit dem Heiligen Geist erfüllt. Jede Gemeinde in Iserlohn wäre mit einem solchen Resultat sicherlich zufrieden gewesen. Trotzdem war es nicht so bombastisch, wie wir es uns ausgemalt hatten. Bei der Relation von dreihundertfünfzig Menschen pro Abend bei über vierzigtausend Einladungszetteln beurteilten wir das Ergebnis eher als »dürftig«. Kein Gelähmter sprang aus dem Rollstuhl, kein Dämon fuhr kreischend durch die Gegenwart des Heiligen Geistes aus, und in Iserlohn war keine Erweckung ausgebrochen.

In mir machte sich Enttäuschung breit. Wir hatten soviel investiert, und es war so wenig passiert. Zusätzlich kam das Empfinden in mir auf, daß sich Grundlegendes in meinem Leben verändern mußte.

Irene und ich beteten, daß Gott uns zeigen möge, wo unser Weg hinging. Wir spürten, daß das normale Gemeindeleben mit seinen Herausforderungen nicht unser Ding war. Wir sehnten uns zurück an die Basis. Gott hatte ja vor Jahren schon klar gesprochen, daß wir uns um kaputte Leute und Drogenabhängige kümmern sollten. Aber je mehr wir in den Gemeindedienst gingen, desto weniger kamen wir an die Außenseiter der Gesellschaft heran, geschweige denn, daß wir unser Leben mit ihnen hätten teilen können.

Zusätzlich stellte ich beunruhigt fest, daß wir, obwohl wir eine junge Gemeinde waren, bereits anfingen, in Formen und Traditionen zu erstarren. Das pulsierende Leben ging verloren. Darüber hinaus registrierte ich, daß die Strukturen, die wir geschaffen hatten, nicht uns dienten, sondern daß wir ihnen dienten. Der Heilige Geist bekam immer geringeren Bewegungsfreiraum.

Außerdem brachte der typisch pfingstlich geprägte Pastor zunehmend eine typisch pfingstliche Prägung hinein. Oft passierte es, daß, während ich die Anbetung leitete und wir uns mitten in der Bewegung des Heiligen Geistes befanden, das »AMEN« unseres Pastors erscholl. Dieser Mann schien überhaupt keine Sensibilität dafür zu besitzen, wann Gott reden und handeln wollte.

Darüber kam es zu häufigen Streitereien zwischen mir und dem Pastor. So sehr wir auch versuchten, auf einen Nenner zu kommen, landeten wir doch meistens in theologischen Debatten, und die Spannungen wuchsen stetig. Bei einem Gemeindefest rebellierte ich dermaßen, daß ich mit meinem Mißmut die ganze Feier blockierte. Schmollend verweigerte ich jegliche Dienste. Doch das war natürlich keine Lösung. Gott überführte mich von meiner schrägen Haltung, und ich mußte Buße tun.

Oberflächlich renkte sich danach alles wieder ein – bis zur nächsten Auseinandersetzung. Mich brachte die Perspektive, die nächsten fünfzig Jahre in so einer Gemeinde zu sitzen, fast um.

Als mein Frust an einem scheinbar unüberwindbaren Punkt angekommen war, zeigte Gott mir, daß ich endlich aufhören sollte zu rebellieren, zu meckern und verändern zu wollen. Schließlich sei es nicht meine, sondern seine Gemeinde. Er trüge die Verantwortung und hätte alles im Griff. Ich sollte mich endlich entspannen und anfangen, den Geschwistern und dem Pastor in seiner Andersartigkeit zu dienen. Es war richtig erlösend, als ich über meine Rebellion Buße tat, und ich kam in eine echte Geborgenheit in

Jesus. Gleichzeitig begann ein Prozeß der Hingabe und des Sterbens.

Aber bei aller Hingabe und allem Sterben konnten wir es nicht verhindern, daß in uns von Zeit zu Zeit Fluchtgedanken aufstiegen. Wann würde Gott uns endlich weiterführen? Als uns die Idee kam, eine Bibelschule zu besuchen, erschien uns das im ersten Augenblick als ein verheißungsvoller Ausweg. Wir verspüren zwar keinen großen Frieden über die Sache, empfanden aber, daß wir doch irgend etwas tun mußten.

So bestellten wir die Bewerbungsunterlagen. Wir erhielten umgehend einen großen Umschlag mit den notwendigen Anmeldungsformularen. Wir wollten gerade darangehen, sie auszufüllen, als es an unserer Wohnungstür klopfte. Als ich hinging, um zu öffnen, war es, als wenn der Heilige Geist sprach: »Diese Unterlagen sind nicht für euch, sie sind für jemand anderen!« Ich öffnete die Tür, und vor mir stand einer der ehemaligen Discjockeys. Inzwischen arbeitete auch er und war genauso unzufrieden wie wir über die geistliche Stagnation. Vielleicht halfen ihm die Unterlagen. Wir drückten sie ihm in die Hand, ermutigten ihn, sie durchzulesen, beteten mit ihm und waren froh, daß Gott uns damit doch nicht gemeint hatte. Offensichtlich sollte ich doch nicht Pastor werden und Irene keine Gemeindeschwester.

Mittlerweile registrierten wir, daß der charismatische Aufbruch nicht nur in pfingstlichen Gruppen zu finden war, sondern ebenso in evangelikalen Freikirchen, freien Werken und sogar in manchen katholischen und evangelischen Kirchen.

In Paderborn nahmen wir des öfteren an katholischen charismatischen Messen teil. Verwundert beobachteten wir, wie Nonnen in ihrer Tracht mit erhobenen Händen im Heiligen Geist tanzten und in neuen Sprachen sangen. Das Beste an diesem Gottesdienst war jedoch, daß nicht nur Katholiken zusammenkamen, sondern daß er für alle Christen offen war.

Die Teilnahme an derartigen Zusammenkünften und die Feststellung, daß es in den unterschiedlichen Kirchen Menschen gab, die Gott auf dieselbe Art und Weise erlebten wie wir, begeisterte und ermutigte uns. Sie kannten die Erfüllung mit dem Heiligen Geist und praktizierten seine Gaben in einer Vielfalt, die durch die verschiedenen konfessionellen Hintergründe geprägt wurde. Aber eins war überall zentral: die Anbetung und der Lobpreis zu Gott. Hierbei fiel uns auf, daß es in diesen überkonfessionellen Treffen oft erwecklicher zuging als in unserer eigenen, mittlerweise fast völlig erstarrten Gemeinde. Weil wir ständig in unserem eigenen Saft schmorten, drohten wir langsam auszudörren.

In einem kleinen Ort mit Namen Lieberhausen gab es eine Kapelle, wo regelmäßig Segnungsgottesdienste stattfanden. Hier beteten zwei lutherische Pastoren für die Leute, die einen Segen haben wollten. Irene und ich hegten schon lange den Wunsch, unsere Ehe vor Gott zu besiegeln und durch geistliche Leiter den Segen zugesprochen zu bekommen.

So nahmen wir an einem dieser Abende teil und gingen beim Aufruf nach vorne. Die Pastoren in ihren langen schwarzen Talaren legten uns die Hände auf und prophezeiten über uns. Sie sprachen in klaren Worten Gottes Berufung für uns aus: Wir seien gerufen, den Armen, Schwachen und Gebundenen die Freiheit zu verkündigen und ihnen zu dienen. Alles, was wir auf Erden lösen würden, das würde auch im Himmel gelöst sein, und alles, was wir auf Erden binden, das würde auch im Himmel gebunden sein.

Wir empfingen diese Worte als Reden Gottes. Sie bestätigten die tiefsten Wünsche unseres Herzens.

Als der Herr die Gefangenen Zions zurück nach Jerusalem brachte . . .

Was war inzwischen in der Kommune in Norddeutschland geschehen? Auch hier hatte sich die Spreu vom Weizen getrennt. Die einen wollten aufrichtig mit Jesus leben, selbst wenn es sie alles kostete. Demgegenüber standen die anderen, die nach einem lauen Kompromiß suchten. Sie wollten Jesus zwar haben, aber das Haschisch nicht missen. Sie fröhnten weiterhin den vermeintlichen Genüssen der Kultur, aus der wir kamen.

Diese Auseinandersetzung gipfelte darin, daß die Konsequenten nach einer Führung für ihre Zukunft suchten und mehrere Tage dafür fasteten. Gott sprach dann auch zu ihnen: »Zieht sofort hier aus und geht nach Lüdenscheid.« Zwar war es Nacht und stockfinster, aber sie wollten gehorsam sein, und so stellten sich zwei Familien mit ein paar kleinen Kindern und wenigen Koffern an die Straße und trampten Richtung Süden.

Bald darauf fingen sie in Lüdenscheid einen Gebetskreis an, ähnlich unserem Jesus-Treff, und auch hier kamen andere Christen dazu, sogar Verantwortliche, Pastoren und Gemeindeleiter, um mitzubeten und den Willen Gottes für die Stadt zu suchen.

Dieser Kreis entwickelte sich über einige Monate dahingehend, daß sie besonders für die Not unter Drogenabhängigen Fürbitte taten. Man plante, eine Rehabilitationsarbeit für Heroinabhängige zu beginnen. Gemeinsam gingen sie daran, ein Haus dafür zu suchen.

Eines Tages kam ein lutherischer Pastor zu ihnen: »Ich habe gehört, daß ihr eine Arbeit unter Drogenabhängigen anfangen wollt und nach einem Haus sucht. Wir hätten da was für euch.« Er sprach von Haus Wiedenhof, einem ehemaligen christlichen Hospiz, das seit einem halben Jahr leerstand. Obwohl dieses Haus ein riesiger Klotz war, nahmen sie das Angebot an. Sie hatten 218 Mark in der Kasse ihres neugegründeten Vereins, der »Freien Christlichen Jugendgemeinschaft e.V.«, einige Heroinabhängige, ein renovierungsbedürftiges Haus, eine dürftige Innenausstattung und viele Fragen. Aber immerhin mietfrei!

Hinzu kam, daß sie mit ihren Familien und einigen Rehabilitanden sehen mußten, wie sie überlebten. Aber der Herr stellte sich zu ihnen. Er schenkte ihnen durch die Unterstützung der Christen am Ort zehntausend Mark, um den ersten Monat zu überstehen.

Es war Januar 1976. Gott stellte sich in wunderbarer Art und für jedermann und alle Skeptiker sichtbar zu unseren Freunden und bestätigte das Vorhaben. Von Monat zu Monat versorgte er sie mit dem, was sie brauchten, und die Anzahl derer, die durch Jesus von Drogen frei werden wollten, nahm zu.

Häufig fuhren meine Frau und ich nach Lüdenscheid. Die Treffen dort entwickelten sich zu regelrechten überkonfessionellen Gottesdiensten. Wenn uns schon in unserer eigenen Stadt Iserlohn vom Volk Gottes Steine in den Weg gelegt wurden, war es doch erfreulich zu sehen, wie in Lüdenscheid viele Christen aus verschiedensten Konfessionen anfingen, geistlich an einem Strang zu ziehen.

Dieses Beispiel forderte uns heraus. Wie sehr sehnten wir

uns danach, ein Haus zu haben, wo wir Bedürftige aufnehmen konnten. Außerdem zog es uns zurück zu unseren Wurzeln, dem urchristlichen Gemeinschaftsleben. Wir beteten erneut verstärkt um solch ein Haus und machten uns auf die Suche danach.

Dabei stießen wir recht bald auf ein schönes Haus am Stadtrand von Iserlohn. Es war ebenfalls ein ehemaliges Hotel. Unser Plan stieß in unserer Gemeinde auf gemischte Reaktionen. Manche symphatisierten mit dem Gedanken, andere wiederum reagierten äußerst skeptisch, und dritte befürchteten Konkurrenz. Zu den Symphatisanten gehörten Nesh und Sylvia. Sie wollten mit uns den Weg gehen und Drogenabhängigen helfen. Wir verhandelten über den Mietpreis, und Irene und ich trugen schon mal unsere Schlafzimmermöbel ins Haus.

Doch im letzten Augenblick überkam mich der große Unglaube, und das Haus wurde an andere vermietet. Ich kam mir vor wie ein geprügelter Hund und mußte mir wieder mal eingestehen, daß ich nicht der große Glaubensheld war. Hatte ich meine Berufung vertan? Würde Gott mir eine neue Chance geben?

Mitten in meine Mutlosigkeit hinein fiel ein Hoffnungsschimmer, und etwas Außergewöhnliches geschah. Eine Wende in unserem Leben bahnte sich an.

Die Mitarbeiter aus Lüdenscheid luden uns ein, für ein paar Tage die Rehabilitationsarbeit zu übernehmen, da sie mit ihrer neugegründeten Musikgruppe »Lebendiges Wasser« für einige Tage nach Berlin gehen wollten, um dort an einem missionarischen Einsatz teilzunehmen.

Irene und ich fackelten nicht lange mit der Entscheidung, sondern willigten ein. So zogen wir für ein paar Tage in den Wiedenhof, ohne einen blassen Schimmer zu haben, wie man so eine Arbeit im großen Stil führen sollte. Zwar waren wir in der zurückliegenden Zeit des öfteren dort zu Besuch gewesen, kannten die Mitarbeiter und auch einen Teil der Rehabilitanden, aber in dem Haus mitzuarbeiten, war eine ganz andere Sache.

Doch es ging besser, als wir dachten. Ich durfte sogar morgens die Andachten halten. Die Tage vergingen wie im Flug und waren sehr ausgefüllt.

Als die eigentlichen Mitarbeiter aus Berlin zurückkamen, bedauerten wir das fast, und leicht deprimiert fuhren wir in unserem blauen R4 zurück nach Iserlohn. Während der Heimfahrt stieg in mir ein revolutionärer Gedanke auf: »Ihr werdet nach Lüdenscheid gehen und im Haus Wiedenhof arbeiten.« Ich war geplättet. »Au weia«, schoß es mir spontan durch den Kopf, »die Arbeit war ja okay, aber die Stadt!« Auf der Szene hatten wir so unsere Scherze über dieses konservative Kaff gemacht. Damals dachte ich, es gäbe bestimmt keine größere Strafe, als ein Auto mit dem Kennzeichen »LÜD« fahren zu müssen.

Auch Irene verspürte das Drängen des Heiligen Geistes: »Du Walter, ich glaube, Gott möchte, daß wir nach Lüdenscheid gehen.« Nicht das erste Mal gab er uns unabhängig voneinander den gleichen Impuls. Inzwischen war mir das zu einer wichtigen Bestätigung von Gottes Reden und Absichten geworden.

Bewegt fuhren wir nach Hause und beteten über diese Angelegenheit. Wir legten die Kriterien fest, anhand derer wir den Ruf prüfen wollten. Zunächst wollten wir, daß wir von der Mitarbeiterschaft des Wiedenhofs nach Lüdenscheid gerufen wurden. Dann sollte die Leitung unserer Gemeinde damit einverstanden sein und uns ihren Segen dazu geben. Weiterhin wollten wir das Einverständnis unserer Eltern und »grünes« Licht meines Arbeitgebers.

Wenige Tage später klingelte in unserer Wohnung das Telefon. Die Lüdenscheider baten uns, mit in ihre Arbeit einzusteigen. Unsere Gemeindeleitung hatte es kommen sehen, daß sie uns nicht langfristig im Gemeindedienst halten konnte, und gab uns frei. Auch unsere Eltern, selbst mein Schwiegervater, der kein Christ war, unterstützten uns.

Mein Chef fand die Idee sehr gut. So wußten wir, daß Gott uns gerufen und den Weg geebnet hatte. Wir planten den Einzug in den Wiedenhof für September 1977 und kündigten Arbeit und Wohnung in Iserlohn.

Doch vor unserem Umzug mußten wir noch eine Sache hinter uns bringen. Im Rahmen der Jugendstunde hatten wir eine Freizeit nach Jugoslawien geplant. Da wir für diese jungen Leute eine besondere Verantwortung empfanden, konnten wir sie nicht hängenlassen. Unsere Reise sollte ein evangelistischer Einsatz und gleichzeitig Urlaub sein. Die Jugendlichen wußten nicht, daß wir Iserlohn verlassen würden, und sie sollten es bis zum letzten Tag nicht wissen. Als sie es zum Ende der Fahrt erfuhren, waren sie leicht geschockt, aber sie konnten unseren Schritt verstehen.

Als wir an unserem denkwürdigen Umzugstag mit unseren Prötteln im Wiedenhof ankamen, endete unsere Begeisterung bereits auf der Türschwelle. Der Leiter eröffnete uns die verheißungsvolle Botschaft: »In eure Wohnung ist leider schon jemand anders eingezogen. Eigentlich gibt es keinen Platz für euch.«

Als er unsere langen Gesichter sah, ging er mit uns durch das Haus und unterbreitete uns dabei utopische Vorschläge. Er wollte hier ein paar Wände einreißen und da ein paar Wände hochziehen. Ich dachte: »Typisch, nicht mal 'ne Wohnung. Mit diesen Leuten sollen wir zusammenleben, das kann ja nicht gutgehen.« Aber es gab kein Zurück. Wir hatten alle unsere Brücken nach hinten abgebrochen.

»Naja«, nahm ich mir vor, »ein Jahr werden wir es ertragen, und danach werden wir unsere eigene Rehaarbeit beginnen.« Wir glaubten, daß unser Aufenthalt in Lüdenscheid nur als kurze Lehrzeit in bezug auf Drogenrehabilitationsarbeit gedacht war.

Dann geschah etwas Ermutigendes. Martin und Gila, die mit ihrer kleinen Tochter Melanie als Rehabilitanden im Wiedenhof lebten, sollten bald entlassen werden. Als sie unsere

Enttäuschung sahen, boten sie uns ihre kleine Wohnung an. Diese Großzügigkeit berührte uns zutiefst.

Das große Abenteuer begann, Glauben im Herzen, kein Geld in der Tasche und keins in Aussicht. Aber aus der Vergangenheit wußten wir unumstößlich: Gott war ein treuer Versorger, der sich um unsere geistlichen und sonstigen Bedürfnisse kümmern würde. Er war ein treuer Vater, dem kein Ding unmöglich war ...

Epilog

... Stunden waren mittlerweile vergangen, in denen ich in der Gegenwart Gottes in Gedanken durch meine Vergangenheit gereist war. Inzwischen war die Sonne untergegangen, und in unserem Wohnzimmer war es dämmrig geworden. Erschöpft, aber dennoch glücklich saß ich in meinem Sessel. Wenn Gott es geschafft hatte, einen Chaoten wie mich zu sich zu ziehen und meinem Leben ein neues Fundament und Ziel zu geben, konnte er das bei jedem anderen auch tun. Neue Hoffnung erfüllte mich für die Arbeit, die ich tat, und für die Menschen, die Gott mir anvertraut hatte und noch anvertrauen wollte. Sein unerklärlicher Friede erfaßte mich neu und richtete mich auf.

Inbrünstig bat ich Gott um Vergebung für meine hartherzige Haltung und bat ihn um Heilung für die Verletzungen, die ich in den vergangenen Jahren durch unzählige Enttäuschungen in der Arbeit an Drogenabhängigen abbekommen hatte. Voll neuem Glauben für den kaputten Punker bat ich Jesus, das, was ich an ihm falsch gemacht hatte, wieder auszubügeln.

Am nächsten Morgen ging ich sofort nach dem Frühstück zu dem Mitarbeiter, der meinen Auftritt miterlebt hatte, und bekannte ihm mein Versagen. So konnte ich im reinen mit Gott und der Welt vor unseren Rehabilitanden sitzen und die Andacht halten. Die Liebe Gottes, über die ich an diesem Morgen sprach, pulsierte neu in mir. Als ich in die Gesichter unserer Leute sah, empfand ich wieder Glauben und hatte Perspektive für das, was Gott an ihnen und durch sie tun konnte.

Ich wußte wieder, daß Gottes Gedanken höher waren als meine und daß seine Pläne über jeden von uns unendlich gut und groß waren, und das nicht nur heute, sondern auch morgen und in alle Ewigkeit ...

Aus dem einen geplanten sind inzwischen vierzehn erlebnisreiche Jahre geworden, die ich und meine Frau in Lüdenscheid und der Freien Christlichen Jugendgemeinschaft e.V. verleben durften.

Wenn ich aus meinem heutigen Blickwinkel die Geschehnisse betrachte, sehe ich, daß Gott Anfang der 70er Jahre mit großem Erbarmen auf die Ausweglosigkeit der Hippiebewegung reagierte. Er erweckte sich aus Steinen Kinder. In ihrer Verlorenheit sah er die ehrliche Suche nach dem Sinn des Lebens und die Sehnsucht nach mehr als nur materiellen Werten. Bezeichnend für diesen Aufbruch war, daß er weltweit ohne das Dazutun der etablierten Kirche stattfand. An manchen Orten erwies sich die Gemeinde als fähig, diese Erweckung aufzufangen, aber an vielen Stellen ging sie ihr »echt durch die Lappen«. Der Leib Christi wußte mit der Radikalität der frischbekehrten Hippies vielfach nicht umzugehen, und anstatt sich dem Neuen zu stellen, verschloß er ihm den Zugang.

Das exotische Aussehen der Jesus-People, ihr dreistes Hinterfragen der ewig nicht hinterfragten Normen und Werte verunsicherte die traditionellen Christen vielfach so sehr, daß sie dieser Erweckung in ihren Kirchen keine Chance gaben. Sie merkten nicht, daß die geistliche Frische und das Leben dieses Aufbruchs in ihren Gemeinden ein neues Feuer hätte entfachen können. Auch erkannten sie nicht, wie dringend die Jesus-People-Bewegung den Schutz, die Reife und die Begleitung des Leibes Christi benötigt hätte, um sie unter anderem vor der Gefahr des Sektierertums zu bewahren. Nicht grundlos schossen in dieser Zeit die Sekten wie Pilze aus dem Boden. Heute empfinde ich es als Armutszeugnis für das Volk Gottes, daß es nicht die geistliche und menschliche Größe besaß, die Unreife der jungen Christen aufzufangen. Ich bete dafür, daß uns bei der bevorstehenden Erweckung nicht das Gleiche wieder passieren wird.

Unseren geistlichen Aufbruch in Iserlohn durchdrang eine starke Naherwartung der Wiederkunft Jesu. Sie setzte eine Dynamik frei, die uns beflügelte, in Radikalität und Naivität die »wildesten« Dinge zu tun, um den Missionsbefehl voranzutreiben.

Dabei achteten wir mit größter Genauigkeit darauf, daß sich alles, was wir waren, taten und glaubten, in der Bibel wiederfand. Für uns stellte sie das direkte und absolute Wort Gottes dar, was sich beispielsweise in unserer Taufpraxis, in unserem Umgang mit dem Heiligen Geist, dem Reden in neuen Sprachen und den anderen Geistesgaben niederschlug. Wir handelten nach unserer biblischen Erkenntnis und ahnten glücklicherweise nichts von den theologischen Kontroversen, die an diesen Punkten zwischen den Konfessionen toben.

Wir kannten keine christlichen Bücher, Kirchengeschichte und wußten nicht, was sich in diesem Jahrhundert in Deutschland an Spaltungen vollzogen hatte, die sich an der Frage von »charismatisch« und »nichtcharismatisch« aufhängten. Wir lebten in der anmaßenden, aber ehrlichen Überzeugung, daß mit uns das Reich Gottes anfing.

Jeden, der bewußt das Sühneopfer Jesu für sich in Anspruch nahm und Buße tat, akzeptierten wir als Bruder und Schwester. Es lag uns vollkommen fern, den konfessionellen Hintergrund eines Gläubigen zu bewerten, geschweige denn, ob jemand aus einer charismatischen oder nichtcharismatischen Gruppe kam. Der Konkurrenzgedanke zwischen den einzelnen Gemeinden befremdete uns und verstärkte unsere Sehnsucht, daß das Volk Gottes über alle Konfessionsgrenzen hinweg zusammenkam, um gemeinsam zu beten. Dabei entsprach es unserem Verständnis, daß der Leib Christi aus einzelnen Gliedern bestand und nicht aus Institutionen. Schließlich würde Jesus bei seiner Wiederkunft nicht

Gebäude oder Verwaltungen zu sich ziehen, sondern die Christen, die ihn kannten, liebten und ihm gehorchten.

Gottes Stimme zu hören, war für uns kaum ein Problem, denn er sagt in seinem Wort: »Meine Schafe hören meine Stimme.« Jeden inneren und äußeren Impuls prüften wir zumindest, um ihn dann entweder zu verwerfen oder anzunehmen und umzusetzten. Wir wußten: Wenn Gott seinen Finger auf eine Sache legte, gab es nur die Möglichkeit, gehorsam zu sein. Ansonsten konnten wir den Glauben gleich »an den Nagel hängen«, oder wir würden uns im Kreis drehen.

Wenn wir Gottes Reden nicht nachvollziehen konnten, »debattierten« wir ehrlich mit ihm, bis er uns überwand. Die Sündenüberführung kam bei jedem individuell. In allem begegnete uns Gott sehr oft auf der Ebene, die wir als ehemalige Drogenabhängige am besten verstanden: der Gefühlsebene.

Bei dem damaligen Aufbruch ahnte ich nicht, daß Gott mich grundlegende Dinge lehrte, die später die Fundamente unserer gesamten Arbeit bilden würden.

Die Kraft eines reinen Gewissens: Buße, Wiedergutmachung; das Leben aus der Kraft des Heiligen Geistes, das Dienen in den Geistesgaben und Evangelisation sind nicht wegzudenken aus unserem Dienst und prägen unsere Gemeinschaft.

Durch einige schwerwiegende Krisen in der Mitarbeiterschaft kam es dazu, daß meine Frau und ich 1980 die Leitung der Drogenrehabilitation übernahmen. In der darauffolgenden Zeit investierten wir alle Kraft in den Aufbau einer neuen Mitarbeiterschaft und in die Qualität unseres Zusammenlebens. Mit vereinten Kräften stabilisierten wir die Grundpfeiler der Therapiearbeit. Wir bauten verschiedene Zweige der Arbeitstherapie auf und suchten Möglichkeiten, den Rehabilitanden eine gute Grundlage für ihr späteres Leben zu vermitteln. So konnte Jesus im Laufe der Zeit vielen Drogenabhängigen helfen und ihnen ein neues, sinnvolles Leben geben.

Um ihnen im Anschluß an die Therapie bei den ersten Schritten in das »normale« Leben zu helfen und ihnen weiterhin den Schutzraum und die Geborgenheit einer christlichen Lebensgemeinschaft zu geben, entstand ein Haus zur Nachbetreuung.

1983 brach Gott in die inzwischen sehr behagliche Reha-Idylle durch ein revolutionäres Wort ein: »Wißt ihr eigentlich, daß viele der Leute, durch die ich mein Reich bauen will, noch gar nicht bekehrt sind?« Was meinte er damit? Wir folgerten, daß er uns zurück auf die Straße rief, um diese Leute zu evangelisieren. So gründeten wir einen missionarischen Gebets- und Arbeitskreis mit dem Ziel, die Menschen unserer Stadt zu erreichen. Um einen Anlaufpunkt zu haben und um Hilfesuchende aufnehmen zu können, mieteten wir ein weiteres Haus an, in dem eine missionarische Wohngemeinschaft lebt. Ebenfalls beherbergt das Haus ein christliches Café, das vielen als Treffpunkt dient.

Mit der Evangelisation kam ebenso der Gedanke der Weltmission neu in unser Blickfeld und die Perspektive, den Missionsbefehl endlich zu Ende zu bringen. Um dazu unseren Beitrag zu leisten, fingen wir an, Mitarbeiter für sozialmissionarische Dienste zu schulen. Dazu schenkte Gott uns das Schulungszentrum »Wislade«. Von hier aus senden wir kurzfristige Einsatzteams in die verschiedensten Teile der Welt, schwerpunktmäßig nach Asien. Einige der ehemaligen Schüler sind inzwischen auf dem Missionsfeld in den unterschiedlichsten Werken tätig.

Mittlerweile konnten wir als FCJG ein erstes Langzeit-Team nach Wien (Österreich) aussenden, das dort ein Therapiezentrum für Drogenabhängige aufbaut. Während dieses Buch geschrieben wird, bereitet sich ein zweites Team darauf vor, in Manila (Philippinen) ein weiteres Rehazentrum zu starten.

Eine andere Zielgruppe, von der wir empfinden, daß sie

einen speziellen Platz in Gottes Herzen hat, sind Teenager. Sie sind in besonderem Maße gerufen, in Gegenwart und Zukunft am Reich Gottes mitzubauen. Wir sehen eine Verpflichtung, diese Altersgruppe zu schulen, zu trainieren und ihnen Möglichkeiten zu geben, in Einsätzen im In- und Ausland zu erleben, daß sie nicht zu jung sind, um von Gott gebraucht zu werden. Für die Jugendarbeit mieteten wir ein Haus an und gründeten eine WG: das Teenager-Zentrum. Hier können Jugendliche zusammenkommen, um Gott zu erleben, zu feiern und unter ihrer eigenen Altersgruppe zu evangelisieren.

Da uns bewußt ist, daß gerade diese Generation in der heutigen Zeit in den Medien den gemeinsten satanischen Einflüssen ausgesetzt ist, geben wir ein Jugend-Magazin den »Champ« heraus. Es vermittelt Teenagern christliche Werte, Perspektiven und eine Vision.

Geblieben ist der überkonfessionelle Gottesdienst, der samstags im Saal des Hauses Wiedenhof stattfindet. Hier kommen Woche für Woche Leute aus der Stadt und dem Umkreis zusammen, um Gott gemeinsam anzubeten und zu erleben, wie er redet, handelt und heilt. Immer wieder kommen hier viele Menschen zum Glauben.

Dieser vielfältige Dienst wäre nicht möglich, wenn Gott uns nicht viele hingegebene Mitarbeiter zur Seite stellen würde. Sie kommen aus allen Teilen Deutschlands und aus den unterschiedlichsten geistlichen Hintergründen, um in den Auftrag und die Vision der Freien Christlichen Jugendgemeinschaft mit einzusteigen. Da wir ein überkonfessionelles Werk sind, ermutigen wir unsere Mitarbeiter, sich entsprechend ihren konfessionellen Wurzeln in die Ortsgemeinden zu integrieren. Unsere Gemeinschaft umfaßt inzwischen etwa hundertfünfzig Leute, die auf verschiedenen Ebenen mitarbeiten. Manche sind gerufen, den Dienst vollzeitlich und im Vertrauen auf Gottes Versorgung zu tun, andere arbeiten teilzeitlich in ihren Berufen und dritte investieren ihre Freizeit. Unverändert ist unsere

Arbeit über die Jahre ein Spenden- und Glaubenswerk geblieben.

Wir möchten als Gemeinschaft ein bewegliches Werkzeug in der Hand Gottes bleiben und für die Impulse seines Geistes verfügbar sein. Ihm soll es möglich sein, immer wieder Strukturen über den Haufen zu werfen, die nicht mehr dienlich sind, damit Raum für erweckliches Leben bleibt und entsteht. Wir wollen ein brennender Dornbusch im Land sein, an dem die Menschen Gottes Güte und reales Handeln in der heutigen Zeit erkennen können. Unser Land soll neu von einem Brennen für das Evangelium erfaßt und der Leib Christi zugerüstet werden, um seinen Dienst in der Kraft des Heiligen Geistes an den Hecken und Zäunen dieser Welt zu tun.

Neben dem Dienst nach außen ist es unser aufrichtiger Wunsch, daß in unserer Gemeinschaft der urchristliche Lebensstil zu finden ist und die Welt an der Liebe, die wir untereinander haben, erkennt, daß wir Jesu Jünger sind.

Nachdem die ersten Jahre meines Dienstes ausschließlich der Rehabilitationsarbeit galten, kam mit der Ausweitung des Werkes gleichzeitig die Erweiterung meiner Verantwortung als Leiter der gesamten Arbeit. Dadurch, daß in den diversen Arbeitsbereichen hervorragende Mitarbeiter in Leitungspositionen nachwuchsen, wurde ich freigesetzt, einen großen Teil meines Dienstes in den Leib Christi im In- und Ausland zu investieren.

Gott ließ in seiner Treue in meinem Leben schon vieles von dem Realität werden, was er mir durch seine Verheißungen zugesagt hat. Mittlerweile öffnete er mir im deutschsprachigen Bereich und darüber hinaus unzählige Türen, um zu predigen und zu lehren. Dabei sind die »Schätze der ersten Jahre« im großen Maße grundlegend für meine Verkündigung. Er bestätigt meinen Dienst über die Konfessionsgrenzen hinweg und hält mein Herz brennend für die Einheit des Leibes Christi, für sie zu leben und manchmal auch zu leiden.

Eine meiner größten und liebsten Herausforderungen ist es nach wie vor, das Evangelium auf der Straße, in Kneipen, im Zirkus und wo immer sich Möglichkeiten ergeben zu verkündigen.

Seitdem ich mit meiner Frau in Lüdenscheid lebe, gab es nicht nur Höhepunkte, sondern ebenfalls Niederlagen und Enttäuschungen. In vielen Situationen standen wir wie Petrus vor Jesus: »Herr, wohin sollen wir denn gehen?« Doch jedesmal, wenn wir durch solche Täler gingen, blieb eins unumstößlich: Gott hat uns hierher gerufen. Es gibt kein Zurück. Der Platz, an dem wir uns befinden, ist Gottes auserwählter Platz.

Dabei bin ich sehr dankbar, daß Gott meine Frau Irene und mich gemeinsam berief. Heute bin ich mir bewußt, welche Gnade und was für ein Wunder es ist, daß wir uns gemeinsam bekehrt haben und den langen Weg miteinander gehen konnten. Sie ist das Rückgrat meines Dienstes. Mit Ermutigung und konstruktivem geistlichen Rat unterstützt sie mich und ergänzt mich vielfältig. Natürlich hat Gott Irene eine eigene Berufung gegeben. Sie ist nicht nur eine wunderbare Ehefrau, sondern auch meine beste Mitarbeiterin und eine Säule in unserer Gemeinschaft.

... eines der schönsten Geschenke machte der Herr mir, als eines Tages in unserer kleinen Wohnung im Wiedenhof das Telefon klingelte. Mein Vater bat mich, nach Hause zu kommen. Schon als ich meine elterliche Wohnung betrat und meinen Vater ansah, wußte ich, daß etwas Einschneidendes passiert war. »Junge, setz dich, ich muß mit dir reden. Lange Zeit habe ich gebetet, daß du Mormone wirst, und wußte, daß du gleichzeitig betest, daß ich umkehre von diesem Weg. Heute nacht ist mir klar geworden, daß meine Gebete nur bis zur Decke gehen und Gott deine erhört ... Ich will Buße tun und mich wieder zu Jesus bekehren.«

Lüdenscheid, im April 1991

Walter Heidenreich

Anhang

Abkönnen – Vertragen
Acid – LSD
anturnen – sich betäuben
Babba – indischer Gelehrter
Bajuffe – Spießer
Blackout – Ausfallerscheinungen
Charts – Hitparade
Connection – »Geschäftverbindung« für Drogen
Dealer, dealen – Drogenhändler, -verkauf
drücken – spritzen
Fixer, fixen – Heroinabhängiger, in die Venen spritzen
Flair – Fluidum
Flash – Drogenwirkung
Flashback – ohne Drogenkonsum auftauchende Halluzinationen
Flop – Mißerfolg
Freak – Hippie, Gammler
Gift – Drogen
Gras – Marihuana
high – Rauschzustand
Highlight – Höhepunkt
Horrortrip – schlechtes Drogenerlebnis
Joint – Haschischzigarette
Junkie – Heroinabhängiger
Kiffer, kiffen – Haschischraucher, Haschisch rauchen
Lumgi – indisches Gewand
Machotyp – Mann mit übersteigertem Männlichkeitsgehabe
Musiksession – freies Musizieren
on the road – on tour – unterwegs sein
Pot – Haschisch

Piece – Stück Haschisch
pofen – schlafen
Pröttel – Habseligkeiten
Punk – spezielle Jugendbewegung
Roadie – jemand der Musikanlagen aufbaut
Shit – Haschisch
roter Libanon, grüner Türke, schwarzer Afghane – verschiedene Haschischsorten
Shillum – Haschischpfeife
sniffen – Droge durch die Nase schnupfen
Sound – Klang / Musik
Speed – Aufputschmittel
Stoff – Drogen
stoned – auf Droge
Szene – Treffpunkt, aber auch Hippiekultur
Touch – Flair
Trip – LSD-Tablette oder Rauschzustand
Turkey – Drogenentzug
Zoff – Ärger, Streit

FCJG
COME TOGETHER
FEEL THE WIND
DER ANDERE GOTTESDIENST
dynamisch
zeitgemäss
überkonfessionell
Jeden SAMSTAG 20:00 Uhr
Wiedenhof-Saal, Bahnhofstraße 22, Lüdenscheid
Info: FCJG • Fon: +49 (0 23 51) 35 80 39 • e-Mail: info@fcjg.de • www.fcjg.de

FCJG
Herzlich willkommen
auf dem
Gebetsberg
für die Nationen
in Lüdenscheid
Komm mit uns jederzeit
in Seine Gegenwart,
bete mit uns
für die Nationen
und unser Land,
empfangt Heilung!
Info: FCJG • Fon: +49 (0 23 51) 35 80 39 • e-Mail: info@fcjg.de • www.fcjg.de